もしも中学受験をめざすなら

必ず役立つ我が家の体験記

上野慶浩
Ueno Yoshihiro

出窓社

もしも中学受験をめざすなら

必ず役立つ我が家の体験記

目次

はじめに 5

1 はじまり 5年生・5月 9

2 塾選び 5年生・5月 23

3 通塾開始 5年生・5月 43

4 初めての学校見学 5年生・5月 52

5 初めての模試 5年生・6月 58

6 志望校調査 5年生・6月 71

7 躍進期　5年生・7月〜6年生・4月　103

8 スランプ　6年生・5月〜8月　117

9 受験追い込み　6年生・9月〜11月　121

10 個人面談　6年生・10月　140

11 受験校決定　6年生・12月　146

12 入試直前　6年生・12月〜1月　154

13 受験本番　6年生・1月19日〜2月3日　158

14 その後とあの夏、そして今　182

付・オリジナル版全国偏差値表　194

はじめに

息子が中学受験したのは、もう8年も前のことになる。その息子も今では大学生だ。息子が大学に入学した機会に、受験の時に書きためておいた文章に手を入れて、1冊の本にまとめてみようと考えた。加筆しようとした部分の記憶が定かでなく、けっこう時間がかかってしまった。また、あの頃と中学受験事情も大きく変わっている。そのあたりも考慮して書き加えた。お子さんの中学受験を考えている方、また現在受験勉強をされているお子さんを持っている方に、読んでいただければと思う。

私たち夫婦は、もともと子供の中学受験などは考えていなかった。特に地方出身の妻は、最初から中学受験には反対であった。が、息子の受験を経験することによって、いろいろな情報を吸収していき、それによって中学受験に対する負のイメージがなくなっていった。

息子の身に起こったある出来事をきっかけに受験と向き合うこととなり、その過程で大切な経

験をすることができた。単純に子供に学力がついたということではなく、親としても、なにが子供にとって最良なのかをいろいろと考えさせられた。

私は基本的には、子供の人生は子供自身で決めればよいと考えてはいるが、どうしてもこれだけはやってほしい、守ってほしいことだけは、親の責任で与えるべきだと思っている。もちろん、それはどのような形でも構わない。家庭ごとに方法は変わるであろう。それは野球やサッカーかもしれないし、1冊の本を与えることかもしれないし、みんなでいっしょに過ごす時間かもしれない。今考えれば、私たち夫婦と息子の場合は、それがこの中学受験であったと思う。そのような経験をできたことを、今はうれしく思っている。

私が元受験塾の講師だったことや、妻が元教師だったことなど、我が家はちょっと特殊な例かもしれない。参考にならない部分もあるだろうが、受験生やその親がどのように考えて受験を選択し、どのように受験期を過ごしてきたかは、分かっていただけると思う。数ある中学受験家庭の一例として考えていただきたい。

本書は一家庭の中学受験の記録ではあるが、塾講師をしていた私の経験や知識などから、伝えられる受験情報などもできるだけ紹介している。また、ここでは主に長男の時の経験を書いているが、実は長女、次男も中学受験をしていて、特に次男は一昨年受験したばかりである。長男の時代とは変わっている現在の受験事情も併せて載せてある。これ1冊読んでいただければ、中学受験とはどのようなものなのかが、おおよそ分かっていただけると思う。

読者の方々は高校受験や大学受験を想像して、中学受験も同じようなものだと思っている方も多いと思う。確かに似ている部分もあるのだが大きく違う部分もある。違う部分の最も大きな部分が親のかかわり方だ。よく小学校は親の受験、中学は子供と親の受験と言われる。親の受験へのかかわり方がそれぞれ圧倒的に違うのだ。
　どんなに子供が頑張っていても親の協力なしに成功はありえないし、逆に親だけが頑張って子供の尻をたたいてもこれもうまくいかない。中学受験は子供と親が協力してこそ成し遂げられる共同作業なのだ。そんなことも読者に伝えられたらと思っている。少しでも読んでいただいた方の役に立てれば幸いだ。
　なお、本文の表記だが、頻出（ひんしゅつ）する数字の表記は、分かりやすさを最優先して、あえて算用数字の表記にしたことをおことわりしておく。

2012年1月吉日

上野慶浩

1 はじまり　5年生・5月

仕事中の事務所に妻からただならぬ様子の電話がかかってきた。なんでも、息子がいじめにあい学校を勝手に早退してきている、とのこと。

私は自営でIT関連のプログラムやコンテンツ制作の仕事をしている。事務所は自宅とは別にあったが、歩いて行ける距離だった。ちょっと尋常ではない雰囲気なので、私はあわてて家に戻り事情を聞いた。いったい何があったのかと、息子の部屋に入り尋ねると、息子はあっけらかんと答えた。

「帰ってきちゃったよ。いじめられたら帰って来てもいいって、おとうさん言ってたよね」

実は息子は4年生の時にもいじめにあっていた。あることを注意した息子に対して、数人の男子が、よってたかってこづきまわした。あまりのひどさに、息子は先生にも告げず早退してきてしまった。その時に私は、「我慢することなんかないぞ。自分が正しいと思ったら、そんなくだ

らない学校やめちまえ」と、言ってあった。その言葉を覚えていての行動だったうなことがあったらしい。今回も同じよ

息子には妙な正義感があり、普段はまわりとうまく合わせていけるが、あまりにも理不尽なことには、きっぱりと拒絶することができる子供だった。妻が電話で、同じクラスの親しい女の子に事情を聞くと、「いじめっ子たちに自分ひとりで逆らって損をしている」と言っていたという。学校では大騒ぎになっていて、何度か電話がかかっていた。妻は「そんな学校には行かせない」と担任の先生や校長先生に電話で言っている。謝罪に来たいじめた側の親子にもそうとうきつい言葉を浴びせていた。あやうく喧嘩になりそうだった。

妻も私も口にこそ出さなかったが、最悪のことが起こるのなら、学校など行かなくてもいいと考えていた。

翌朝、目をさますと、妻はすでに区役所へ連絡を入れていて、転校の手続きについて確認していた。教育委員会側から連絡がいったのだろうか、学校から、夕方、当事者の親子をまじえて学校で話し合いをしたい、という呼び出しがあった。

実は何年も前のことだが、近所に住んでいた叔父の娘も小学校でいじめにあい、小学校4年生から3年もの間、登校拒否をしていた。幸いこの娘は私立の中学へ入学し立ち直り、その時には東京六大学のうちの1校に通っていた。その叔父が、学校に行く時には、かならず男親が出て行かないとダメだと言う。学校側は女親の場合、いろいろとごまかすことがあるかもしれないとい

うのだ。妻から連絡を受けた私は、時間をずらしてもらい、夜の話合いに立ち会わせてもらうことにした。

我が家は私と妻と息子の親子3人で出かけた。その場には、いじめた側の首謀者の父子2人と校長先生をはじめ教頭、学年主任、担任などの先生方数人が座っていた。

私はその場で少し演技をした。まず、座っている少年に向かって大声で言葉を発した。

「お前か！　ひきょう者。ひとりじゃ何もできないから、みんなでやるんだろう」

まわりのみんながあっけに取られていた。そして、そのまま5分ほどほどまくしたてた。息子も妻も唖然としていた。

校長先生は私の演技に気づかれていたのだろう。「まあまあ」という感じでうまく取りなしてくれ、少年に謝るように促した。少年は何か言い分があるようで素直に謝罪しなかった。少年の父親が割って入ってきて一言言うと、しぶしぶという感じだが謝った。後で妻が聞いた話だが、この家庭は父子家庭で、少年は父親にそうとう厳しく育てられていたらしい。時に殴られることもあったという。その反動で乱暴なふるまいをしていたのではないか、ということだった。

表面的な仲直りの後、校長先生は息子に尋ねた。

「これで、明日からまた、来れるよね？」

1　はじまり　5年生・5月

ところが、今度は息子が首を縦に振らない。
「もう、行かない」の一点張りだ。
結局無理に行かせるのではなく、しばらくほおっておくことにした。学校側にもそう言って帰って来た。

休み始めて2、3日たった頃、息子が私に話しかけてきた。
「お父さん、僕ひまだよ。やることがない。どうしよう？」
「ひまだよな。じゃ、勉強しろ。学校行かないんだったら、塾でも行くか？」
私はちょっと冗談っぽく答えた。
それに対して息子は、思いもしない真剣な表情で答えた。
「うん、そうするよ。僕、塾に行きたい」
結局これが、我が家の中学受験の始まりになった。

もともと家庭の方針として、中学受験をさせるつもりはなかった。夫婦ともに公立中高から地元の国立大学に進学している。私立の学校の雰囲気というものも分からなかったし、せっかく自由な小学生時代を、受験勉強でつぶさせるのはもったいない、と思っていた。今しかできないこともあるだろう。

妻とふたりで、息子に塾に行くメリット・デメリットを伝え、意思の確認をした。

● 中学受験する？ しない？

21世紀の日本の価値観は多種多様だ。私たちが子供だった頃のように、大学を出ていればどうにかなる、と思っていた時代とは別の世界のようである。終身雇用制はもはや崩壊しているし、有名大学を出ても就職先がないという人もいる。つまり有名大学に入るのに有利だから私立中学に入る、といった単純な図式はもはや成り立たない。将来のこと、大学卒業後社会に出てからのことも含めて考えたうえで、中学受験も考えるべきだ。今の社会や企業が求めるのは、単純な学歴ではなく実務力だ。特に問題処理能力やコミュニケーション能力が求められている。その力をつけるには、中学、高校時代からの訓練も大切だ。進学実績だけではなく、その学校の教育の中身もきちんと見渡して、学校選択をした方がいい。もちろん公立の中学、高校へ進学するという選択肢もある。中学受験をすることのメリット・デメリットを考えてみた。

● 中学受験をするメリット

1、高校受験がない

通常、大学まで行こうと考えると、少なくとも2回の受験が必要である。中学受験と大学受験、または高校受験と大学受験のどちらかだ。例外的に大学附属校だけは1回だけですむ。中学受験と大学受験、ほとんどの私立中学は、中高6年一貫校なので高校進学の際は受験がない。公立中学の生徒が、中2からは多少なりとも受験を意識して過ごしている時に、余裕を持って学校生活を送れる。クラブ活動に打ち込んだり、趣味を持つのもいいだろう。

付け加えるなら、公立中学から高校への進学実績は、おおむね芳（かんば）しくないようだ。入学した学校に指導力があればよいのだが、そうでないと大変だ。我が家の近所の公立中学の進路一覧を見せてもらったことがある。そのリストを見て頭が痛くなった。100名程度の中3生徒全体で、中学入試にあてはめると偏差値55程度の高校に1名、その他はすべて50以下の高校に進学していた。聞くところによると、それでも中学3年生の大半は塾に通っていたらしい。地域差もあるだろうが、公立中学ではよほど頑張らないと、難易度の高い高校には受からない。

2、学校が荒れない

私立なので学校側がある程度強い管理ができる。あまりいいこととは言えないのだろうが、極端に言えば面倒をみきれない生徒がいれば、退学にしてしまえばいいのだ。なので、いじめも公立中学に比べれば、ないに等しいくらいだろう。我が家の近所の公立中学の説明会に行ったところ、学校側が「我が校は生徒の妨害なく、きちんと授業が進められる学校です」と胸を張っていた。こちらは「そんなこと当り前じゃないか」と思ったが、今ではその当り前が当たり前でないらしい。

3、学力をつけられる

学力的に上から下までいる公立中学では、授業は成績の中より少し下の生徒に合わせて行われる。これは、先生にとっては、いたしかたないことなのだが、すでに理解している生徒にとっては、何度も同じことを繰り返し説明されることになる。上位の生徒ほど退屈してしまう。また、下位の生徒にとっては、その授業でも難しすぎて理解できない。こうして上位の生徒と下位の生徒が騒いで、授業が進まないという悪循環が生まれる。これが学級崩壊の引き金になる。私立の場合、入試を行って選抜するので、生徒の学力はある程度均質だ。授業の進度が早いので、公立中学ではやらないような、高度たがって、ある一定のレベル以上に授業の質を上げられる。しかも公立中学で3年間でやるところを2年で終えてしまう。

なレベルの内容まで踏み込んでやってしまう。中3になれば高校の内容をやるのが普通だ。

4、大学入試に強い

前の項目ともかかわりがあるが、中高一貫教育の場合、通常、高校2年生までに高校のカリキュラムを終わってしまう。残り1年は大学入試に専念できるわけだ。そう言われてみれば、毎年東大合格者ベスト20に顔を出すような学校は、ほとんど中高一貫校だ。授業内容は、通常の公立高校の授業＋予備校1年分がついているようなものだ。これでは公立高校は太刀打ちできない。

5、特別なカリキュラムで個性的な授業を行える

たとえば英語週7時間、海外研修、パソコン生徒に1台、中学卒業時の卒業論文提出など、公立ではできないカリキュラムを組める。通常、公立中学では英語の授業は週3時間だ。そのうえに、私立中学では週5日制ではなく土曜日の授業もある週6日制が主流だ。土曜日に特別な講座を設けて、生徒の好奇心を刺激するカリキュラムを備えている学校も多い。オーケストラや歌舞伎などの鑑賞や、その道のプロを招いての講演会など、多彩な講座が用意されている。

6、クラブ活動が盛ん

少子化の影響で、公立中学の規模は、都市部でも1学年100名程度3クラスというのが普通だ。その場合、人気のあるクラブは成立するが、人気のないクラブは成立しない。たとえば、運動部でいえば野球やサッカーはいいのだが、バレーやバスケットは人数がそろわず、試合に出られないことがある。柔道や剣道などはもっとひどく、休部状態にあるところも多数ある。知り合いの小学生で剣道の関東大会に出た子がいたが、地元の中学に剣道部がなかった。その子は仕方なく越境して、剣道部のある別の公立中に進学した。

中高一貫校は中学で200名程度5クラスはあり、また高校もあるので安定してクラブ活動も行える。公立中学ではないようなユニークなクラブもある。私立中高一貫校にスポーツの強豪校が多いのは、このようなことも理由のひとつだ。

●中学受験をしないメリット

1、小学生時代を余裕を持って過ごせる

なんといっても中学受験の一番のデメリットは、小学生時代の受験勉強時間だ。通常4年生から3年間受験勉強をしなくては、希望する学校には受からない。人生の中でも、もっとも自由に過ごせる3年間を、受験勉強にあてなくてはならない。しかも第一志望に合格でき

ればよいのだが、ほとんどの場合第一志望校には合格できない。第一志望の合格率は30％程度だろう。また、それでもどこかに受かればよいのだが、最悪の場合どこにも受からずに、公立の中学に進学する可能性もある。3年間の努力が報われないということは本人にとってもそうだが、親にとってもそうとうつらいものになる。中学受験の体験が無駄になるとは思わないが、当人たちにとっては無駄な3年間を過ごしたと感じてしまうだろう。

リベンジの思いなのか、高校受験では中学受験で失敗した学校以上の難関校に受かってしまう子もいるようだが、失敗を引きずってボーっと3年間を過ごしてしまう子もいるようだ。「こんなことなら、受験などさせずにのびのびと過ごさせてやるんだった」と後悔する親御さんもたまに見かける。

2、いろいろな環境の友達ができる

公立の場合、単純に近所に住んでいる者が進学するわけだから、いろいろな環境の生徒が集まる。いろいろな環境の友人たちの中で過ごすことにより、世間のいろいろな出来事を体験できる。また、高校、大学と進み社会に出ても、ご近所なので友人関係が継続する。中学から私立に進むとご近所の友達とも疎遠になりがちで、地元の友達がいないという状況もありうる。

18

3、環境に鍛えられる

ある大学の先生に聞いたところ、私立中高一貫校から入ってきた生徒の方がたくましいらしい。なにをやるにも最初に手を上げるのは公立出身の生徒なのだ。それに比べると私立中高一貫校の生徒は、よく言えば「おっとりしている」「欲がない」、悪く言えば「覇気(はき)がない」らしい。また、特別な受験対策をしてくれない公立から入試を突破してくるには、自分できちんと考えて勉強してこなくてはならない。そういう意味からも、たくましさが身についているのだろう、ともおっしゃっていた。

4、学費が安い

公立の中学に行けば、基本的に学費はタダだ。制服代や給食費、副教材費、課外活動費などで年間10万円も見ておけばおつりがくるだろう。私立の場合、授業料、交通費、諸経費など合わせて、最低でも年間70万円、高いところでは100万円以上かかる。そのうえ高校2年からは予備校に通う生徒も多い。私立の高い学費を払ったうえに予備校の学費を考えると、いくらお金があっても足らないことになる。ましてや兄弟姉妹がいる場合はなおさらだ。

●中学受験に向く子、向かない子？

先ほどお話ししたが、大学進学を考える時、中学受験をするか、高校受験をするかの選択をしなくてはならない。

よく受験雑誌やインターネットの掲示板で、中学受験に向く子と向かない子という話題が出ている。その答えはだいたい決まっていて、精神的に大人で独りでなんでもできる子は向いていて、その逆で子供っぽい子は向かないということだ。確かにそのような傾向はあるのかもしれないが、私にはそれが本当かどうかはよく分からない。初めから大人だったわけではなく、中学受験を経験して大人になったということもあるだろう。

それとはまったく反対の見方もある。中学受験は子供と親の受験と呼ばれる。子供だけではなく親の協力も必要不可欠な受験だからだ。一方高校受験は、中学生の子供は親の手からはほとんど離れているという意味で、子供自身の受験といえる。親の手が届く中学受験の方が子供っぽい子でも親の手助けでどうにかなると考える方もいるようだ。確かにそのような考え方もできるだろう。

私の塾講師時代の経験では、この子は中学受験ではうまくいかないが、高校受験でならうまくいくという確信を持てる生徒はいなかった。1、2年で急に大人になる子供はごく少数

だろう。結局、中学受験でうまくいく子は高校受験でもうまくいくのではないか。逆に中学受験でうまくいかない子は、高校受験でもうまくいかない可能性が高いと思う。私は性格的に向く、向かないなどはあまり気にしなくてもいいのではないかと考えている。そのような性格的に向く向かないということとは別に、学力的なことで有利か不利かということは確かにある。それは受験科目の違いに絡んでくることだ。

中学入試の科目は国語・算数・理科・社会の4教科だ。高校入試は国語・数学・英語の3教科もしくは国語・数学・英語・理科・社会の5教科だ。みなさんは、これを見てなにか気がつかないだろうか？　そう、高校入試は文系が有利なのだ。3科目入試で国語と英語の3分の2、5科目入試で国語、英語、社会の5分の3が文系科目だ。つまり記憶力重視だ。一方、中学受験は入試科目の半分が算数・理科の理系科目だ。しかも中学入試の思考力型の問題の質を考え合わせると、より思考力（ひらめき）重視と言えよう。ご自身の小学生の息子、娘が文系か理系かなどよくは分からないだろうが、あえて大雑把に言ってしまえば、算数・理科が得意な子は中学受験が、国語・社会が得意な子は高校受験が有利だ。

もともと我が家の方針として中学受験はさせないということだった。せっかくの小学生時代を受験勉強でつぶすのはもったいない。デメリットを強調したつもりだったが、それでもやはり息子はどうしても塾に行きたいという。本人がそんなに行きたいのなら、と塾通いを承諾した。私

はこの時には「塾に行くか？」などと余計なことを言ってしまったな、と少し後悔していた。

【補足】
　どうも、この時の息子は中学受験というものがどういうものかはよく分かっていなかったようだ。ただ、いじめっ子たちを見返してやりたい。そんな単純な気持ちだったのだ。それが知らない間に受験と結びついてしまって、後で「どうしてこうなっちゃったんだろう？」と戸惑(とまど)った時もあるらしい。ただ途中でやめるとも言えずそのまま突き進んでしまった。

2 塾選び　5年生・5月

息子の登校拒否も1週間を過ぎた頃、「僕、学校へ行く」と言って、あっさり終った。担任の先生に頼まれたのかクラスメートの何人かが、毎日、その日学校でやった勉強のノートを届けてくれていた。友達からは「早く戻ってこいよ」とも言われていた。そんなこともあってか戻りやすかったのだろう。その後、いじめはなかったようだ。学校も、あのあと、そうとう対策を練っていたようだ。

後で聞いた話だが、毎休み時間になるといつも校長先生が息子のクラスに来て様子をうかがっていたらしい。あれだけ大騒ぎをされては、学校としても二度と同じようなことは起こせない。いじめた子たちも、そうとう厳しく学校や家で叱られたようだ。息子は、「いつも休み時間に校長先生が話しかけてきて、僕恥ずかしい」と言っていたが、私はこの時、学校がきちんと対処してくれたことに感謝している。いじめが起きてしまうことを未然に防ぐことはなかなか難しいと

思う。でも、いざ発覚したらそれ以上にさせないことは、親、教師の努力でいくらでもできるはずだ。

息子は表面上なに事もなかったかのように、元の生活に戻っていった。

妻にはやることがあった。塾選びだ。

塾選びは中学受験への第一歩である。残念ながら小学校の勉強だけでは、私立中学は受からない。特別な勉強が必要なのである。たとえば、社会では「鎌倉仏教の創始者5人と宗派を言え」などと出題される。算数の問題などは高校入試レベルのものがそうとうある。高校の入試問題でも、2元連立方程式や距離・速さといった文章題、図形などであれば、中学受験生なら解いてしまう。

ひとつの例として、ここに中学入試問題を1問挙げてみた。最近難易度が上昇してきた千葉県の市川中学の算数の問題だ。受験問題のレベルを実感するためにも、ぜひ解いてみてほしい。

24

中学入試問題例
市川中学　２００８年・算数図形

下の図において、四角形ＡＢＣＤは正方形であり、また、ＪＦとＨＧはＩで直角に交わっています。ＡＨ＝ＣＧ、ＨＩ＝５cm、ＩＦ＝６cmのとき、正方形ＡＢＣＤの面積を求めなさい。

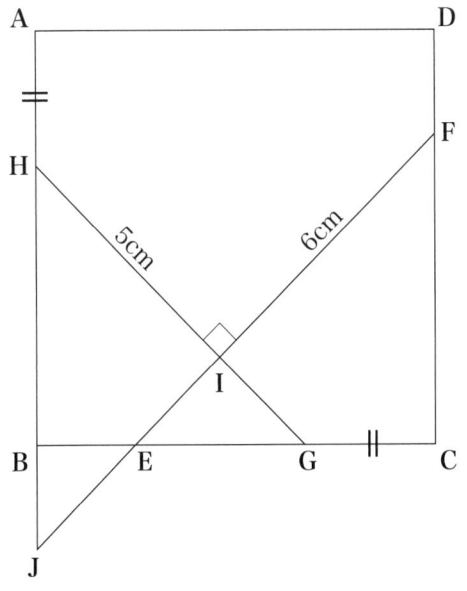

（解答例は P.205 参照）

この学校の場合、このようなレベルの問題が10問以上出題される。しかも試験時間はたったの40分だ。とても普通の小学生にできるはずがない。

このような状況なので、そんな問題を解けるようにしてくれる塾にたよらざるをえないのだ。塾選びがうまくいくか、いかないかによって、入試自体がうまくいくかいかないかが決まるといっても過言ではない。

では、どんな塾を選んだらよいのか？ 家庭によって選択の基準はまちまちだろうが、情報もなしに近所で有名だからという理由で選択すると、後で後悔することになる。特に有名進学塾にはそれぞれの塾の特性があり、子供に合うか合わないかが、結果に直接結びついてしまうことになる。一般的な情報だけでも把握しておきたいものだ。

●塾には内容別に大きく分けて4種類ある。

1、大手受験塾

これはいわゆる東京の私立中学御三家、男子の場合、開成、麻布、武蔵、女子では、桜蔭、女子学院、雙葉などや、関西の灘、東大寺学園、神戸女学院、名古屋の東海、九州ではラサールなどを頂点とした難関私立、国立などをめざす生徒から、中堅私立ねらいの生徒までを

26

対象とした塾だ。小学校の成績で言えば最低でも中程度の力がないと塾自体に入れない。それ以下の学力の生徒は入塾テストではじかれるということになる。この種の塾の中には、日能研、SAPIX、四谷大塚、栄光ゼミナール、早稲田アカデミー、市進学院、浜学園、希学園、名進研、英進館などがある。生徒数はだいたい1学年1000人程度はおり、塾オリジナルの模擬試験を開催できる。模試で合否判定をするには、ある程度の生徒数がいなくては成り立たない。十数年にわたる志望校合格へのノウハウ、データの蓄積もある。そのため合格実績はよい。ただし、面倒見はいまいちで、女子に比べて、中学校の入学定員の少ない男子の下位の生徒は、そのまま続けていても、どこにも合格できないと判断されると、途中で切り捨てられる塾もあるようだ。

2、中堅受験塾

御三家レベルの生徒も時々混じるが、たいていは中堅校以下ねらいの生徒が対象になる。いちおう入塾テストはあるが実際にはほぼ全入になっている。生徒数はグループ全体で1学年1000人程度まで。大型模試を開催できないので、全国展開をしている四谷大塚や日能研と提携している場合が少なくない。面倒見はよい。進学実績はまあまあだ。

大手塾がない地方ではこのタイプの塾が多い。地元の受験情報やノウハウの蓄積があるので、けっこうな合格実績をあげているところもある。

3、地域密着型塾

中学受験をする生徒もいるが、受験しない生徒もいる。学校の補習が目的の生徒もいる。受験に関する情報量が少なく、ノウハウもあまりない。時間をかける割に進学実績はあまりよくない。そもそも受験勉強だけを目標にしていない。面倒見はよいので学校の成績アップをめざすならよいだろう。

4、個別指導塾、家庭教師

1対1もしくは1対2くらいで個々に指導する。生徒個別にきめ細かに対応してくれるので、弱点科目や重点科目の成績アップの効果は大きいが、カリキュラムがあるわけではないので、場当たり的な対応になる可能性もある。大手塾に通っていて補完的に利用している場合も多い。

中学受験をするなら、やはり規模の大きい塾に通わせるのが無難なようだ。全国の主な大手受験塾を簡単に紹介しておこう。なお、生徒数や合格実績の数値は、各塾が公表している2011年のデータをまとめたものである。

首都圏

日能研

小6生徒数　約10,000名　合格実績　東京男女御三家351名

日本最大の中学受験塾だ。平日の夕方に駅で大きな「N」の文字の入ったバッグを背負っている小学生をよく見かける。この小学生はこの塾の生徒だ。中学受験のノウハウがびっちり詰まった塾独自のカリキュラムで生徒を鍛える。対象は上位層から下位層までと幅広いだが、下位層に対しての面倒見がよくないと言う噂もある。授業時間は5年生で1日4時間×週3日、5時から9時だ。6年生は平日4時間×2日＋土曜日5時間だ。それとは別にテストや単科講座があるので、けっこう時間は取られる。入塾基準は小学校の成績で上位半分程度だろう。

数は少ないが東北以外の全地方に進出している。関西日能研の灘中合格実績は、浜学園に続いて第2位だ。

SAPIX

小6生徒数　約3,000名　合格実績　東京男女御三家710名

大手の中でも抜群の合格実績を誇っているのがSAPIXだ。御三家や国立附属、早慶附属、難関校ねらいならここだろう。SAPIXは塾独自のカリキュラムで指導すると言うより各講師の個性が出る塾のようだ。授業は毎回配られるプリントを中心に進められる。そのため予習の必要はない。ただし逆に復習用の宿題は毎回大量に出てそれをこなすだけでもひと苦労だ。授業時間は5年生で1日3時間×週3日、5時から8時だ。6年生は平日4時間×2日＋土曜日5時間だ。時間は平日5時から9時と土曜2時から7時だ。入塾基準は小学校で上位4分の1程度だろう。

最近では関西にも進出している。

四谷大塚

小6生徒数　約7,000名（準拠塾含む）　合格実績　東京男女御三家324名

中学受験界の老舗進学塾だ。週末のテストの予習をすることを講義の柱とするユニークな教育方針を採っている予習型の塾だ。「直営校」と「四谷大塚NET」と「YTnet」という3系統の指導スタイルがある。いずれもカリキュラムはいっしょで、直営校か準拠塾かの違いだ。教材開発に力を入れていて、四谷大塚本体は塾というより中学受験システムの開発部隊と言える。中堅どころの塾では教材開発やカリキュラムの開発、模試開催までは手が回らない。そのようなところが「四谷大塚NET」や「YTnet」に加盟して補完しても

らう形をとっている。つまり四谷大塚と一言で言ってもそれぞれの塾で大きくやり方は異なり実績も千差万別だ。実際の校舎や準拠塾で話を聞くことが大事だ。

また、中学受験界では準拠塾という形で全国展開している唯一の塾だ。中学受験の全国模試は四谷大塚と日能研が主催しているが、日能研の全国模試は自宅受験が可能なので、本当の意味での全国模試を開催できるのは四谷大塚だけだ。その意味でも中学入試の偏差値はこのものが基準となる。ただし模試の難易度が高いので、中堅以下の学校や入試問題が簡単な地方の学校の偏差値はあまり正確ではないこともある。

早稲田アカデミー

小6生徒数　約2,500名　合格実績　東京男女御三家284名

スパルタ式の授業で有名な塾だ。夏季や正月の特訓講習は有名で、よくテレビでも鉢巻姿(はちまきすがた)の授業風景が紹介される。実は首都圏の大手で元旦から授業をやっているのはここだけなのだ。生徒数も多いのでオリジナルでカリキュラムを作っているのかと思ったら、実は四谷大塚との提携で教材等は『予習シリーズ』準拠だ。学校別受験対策講座に力を入れていて、別の塾に在籍しながら、この講座だけをかけもちで受講する生徒も多い。5年生で1日4時間×週3日、5時から9時だ。6年生も平日4時間×3日だが、これ以外に土曜日曜に学校別のオプション講座が数多く取りそろえられている。入塾基準は小学校で上位3分の1程度だ

ろう。

提携という形で全国展開している。

栄光ゼミナール

小6生徒数　約3,000名　合格実績　東京男女御三家73名

この塾はユニークなやり方をしている。4コースに分かれていて、①四谷コース、四谷大塚の予習コースでの私立国立難関校をねらうコース。②受験コース、私立中堅校をねらうコース。③進学発展コース、公立中高一貫校をねらうコースがある。④進学標準コース、公立中進学のための学力増進をねらうコースがある。各コースで時間は違うが、5年生も6年生も1教科2時間が基本となっている。授業時間は多くはないが多くのオプションをねらう生徒には別コースが用意されている。完全に受験に特化するのではなく、子供の適性に合わせて選択できるので、親もこの塾に通わせるハードルは低いだろう。他の大手塾が公立中高一貫校の対策を片手間のように打っていた時に、この塾だけはこのコースを全面的に打ち出していた。2011年度実績では首都圏で約400名の合格者を出している。基本的に入塾テストはないが四谷コースには選抜テストがある。

関西地区

市進学院

小6生徒数　約4,000名　合格実績　東京男女御三家92名

他の大手塾とは一線を画すユニークなカリキュラムの塾だ。独自カリキュラムで予習は一切必要としない。生徒は授業の復習および宿題をこなすだけでいい。そのため授業時間が短い。授業時間は5年生で1日2時間×週3日、5時から7時だ。これで実績が伴えば、万々歳なのだが、やはり実績に関しては他の塾に少し劣る。時間は他の塾の半分程度だ。6年生は平日2時間×3日＋土曜日4時間だ。入塾テストではなくコース分けテストがあるが、実質受験コースの入塾テストになっている。入塾基準は小学校で上位半分程度だろう。

浜学園

小6生徒数　約2,000名　合格実績　灘92名、神戸女学院42名

関西中学受験界ではナンバーワンの塾だ。生徒数、進学実績でも群を抜いている。合格システムが確立されていて、同じテーマを複数回繰り返すことにより学習効果を高める復習主義を徹底している。しかも教材も独自のものを使っており、そのため講師の質とは関係なく均質な授業が受けられると評判だ。教育理念の中に「英才児のみを対象に学習指導を行う」

という言葉があり、エリート教育にしいるようだが、昨今の少子化やライバル校、希学園や日能研関西などの出現により、中位層にもある程度幅を広げている。授業時間は5年生で1日4時間×週3日、5時から9時だ。6年生は平日4時間×4日だ。そのほかに特別授業が組まれる。入塾基準は小学校で上位3分の1程度だろう。

名古屋、岡山にも進出している。

希学園

小6生徒数　約600名　合格実績　灘39名、神戸女学院24名

浜学園の元講師陣が作った塾が希学園だ。最近東京、名古屋にも進出してきた。灘中学至上主義とも言える教育方針で浜学園よりもさらにエリート教育に特化している。少数精鋭で浜学園から分裂してできた塾だけに合格システムには自信を持っている。基本的に浜学園から分裂してできた塾と言えよう。ただし、面倒見がよる。家庭では一切の面倒を見る必要がなく任せられる塾と言えよう。

授業料は高い。

授業時間は5、6年生で1日4・5時間×週3日、5時から9時半だ。そのほかに特別授業が組まれる。入塾の基準は小学校で上位4分の1程度だろう。

○その他の塾の実績

日能研　灘51名、神戸女学院29名

四谷大塚（準拠塾含む）　灘20名、神戸女学院5名

東海地区

名進研

小6生徒数　約1,200名　合格実績　東海148名、南山女子96名

東海地区の中学受験では圧倒的に強い塾が名進研だ。ただし、中学受験に特化しているわけではなく、高校受験や大学受験、私立中高一貫校の生徒のサポートコースなどもある総合塾だ。実は「正月特訓教室」はこの塾が始めたものだ。そのイメージでスパルタかと思えばどちらかと言うと面倒見型だ。授業時間は5年生で1日2時間×週3日、5時から7時だ。6年生は1日2時間×週3日、5時から7時と土曜日の午後4時間だ。そのほかに日曜テストがある。模試は日能研のものを受ける。5年生の授業時間に比べると6年生の授業時間が長い。どうも6年生の1年間に集中させる方針のようだ。教材は自作のものだが、中位の生徒に合わせているので、下位には難しく、上位には簡単すぎるという噂がある。入塾の基準は小学校で上位半分程度だろう。

○その他の塾の実績
日能研　東海64名、南山女子21名
浜学園　東海31名、南山女子9名
四谷大塚（準拠塾含む）東海74名　南山女子35名

九州地区

英進館

小6生徒数　約2,000名　合格実績　ラサール80名、久留米大附設109名

九州地区最大かつ最強の受験塾だ。小6の難関クラスでは最大週19時間の授業がある。スパルタで有名で、とにかく拘束時間が長いのが特徴だ。四谷大塚との提携によりカリキュラムと教材の提供を受けており、全国レベルの有名校をねらうにも心配がない。合格実績は申し分ないのだが、子供によって合う合わないがはっきりしている塾だと言えよう。また、女子の難関校の少ない九州では、上位校をねらわない女子には合わない塾だと言う人もいる。難関コースの6年生になると土曜を含む週3日の15時間だ。入塾テストではなくクラス分けテストがあるが、有名校をねら授業時間は、5年生で土曜を含む週3日の19時間になる。入塾基準は小学校で上位3分の1程度だろう。

○その他の塾の実績

日能研　ラサール89名、久留米大附設23名

四谷大塚（準拠塾含む）　ラサール139名、久留米大附設110名

北海道東北・中国四国・沖縄地区

その地方独自のチェーン塾はあるが、あまり規模が大きくない。県庁所在地などの大きな都市には先にあげた塾の教室があるところもある。四谷大塚は全国展開しているので、ほとんどの県に準拠塾がある。

インターネットの各種掲示板で塾の評判を見ると、悪口のオンパレードになっている。それはそうだろう。基本的に中学受験は第一志望に合格する確率が低い。たぶん30％程度だろう。理由は、最後には公立に行けばよいと考えて強気の志望校選択をするためだ。第一志望に合格できない場合、塾のせいにするのは簡単だ。

塾探しが始まった。実は、私は10年ほど前、まだ今の仕事で食えない時に市進学院で3年ほど専任講師をしていた。その経験から、もし塾に通わせるとすれば市進がいいのではないかと考えていた。授業時間が短く、家庭学習を重視し、勉強の習慣をつけさせてくれる。そのうえ進学実績もそこそこよい。そのことを妻にも話したが、妻は自分の目で確かめてみなくては気のすまない性格だ。とりあえず近所で評判のいい四谷大塚準拠のY塾、少し遠いが電車に乗らずに通える同じく四谷大塚準拠の中堅のJ塾、隣町にある市進学院と日能研の4校を見学に行き、資料をもらい説明を受けてきた。

検討すべき項目は3項目、授業時間と進学実績と費用だ。妻とふたりでいただいてきた資料を眺めながら話し合った。

まずは時間。妻としては初めからスパルタで受験という感じではなく、まずは勉強の習慣をつけさせようくらいに考えていたらしいが、甘かった。そもそもスパルタでない受験塾などほとんどない。時間も週3日以上、夕方5時から9時くらいまでの4時間程度が普通だ。夕食は塾でお弁当を食べる。小学校5年生の息子が、家族といっしょに夕食を食べられないことは、妻にとっては許せないことだった。唯一市進だけが4時50分開始の6時50分終了。7時過ぎの夕食に間に合う。

次に進学実績だ。日能研の進学実績は他の塾に比べて頭2つくらい抜けていた。1教室で10名以上の御三家レベルの子供がいて、上半分は中堅以上の学校に合格していた。ご近所のY塾の実

38

績は1教室で御三家レベルは皆無、中堅レベルが5、6名といったところ。他のひとつもやはり進学実績となると見劣りする。市進はいうと、御三家レベルが3、4人、中堅レベルは30名ほどいた。授業時間を考えると市進は健闘している方ではないか。

最後に費用だ。市進以外の塾は費用的には、だいたい同じ、月4万円くらいだ。市進は月3万円くらいだ。後で気づいたが、日能研の授業料は見た目は安いのだが、週末のテスト費用などが別になっているので実際は5年生でも月5万円以上かかるのではないだろうか。他の塾も費用はけっこう高い。費用は授業時間に比例するようだ。

ここまできて、もうお分かりだろうが、話し合いの結果、息子は市進に入れることにした。市進は授業時間が少ない分月謝も安いが、日能研では月5、6万円になる。これに中学受験、入学金、授業料、授業料とプラスすると、中学受験は、費用的にはけっこうたいへんなものなのだ。後日談になるが、妻は息子の受験までの2年間のトータルの費用を計算していた。5年生の5月から6年生の1月までの約1年8ヶ月で合計約100万円。これは塾の授業料、講習会費、単科講座費、教材費、模擬テスト代、交通費、中学入試の受験料などを全部含んだ金額だ。息子の場合5年生の5月から始めたので4年生の初めからだと多めに考えて1.5倍程度だろう。20ヶ月で100万円なので月あたり単純に計算して5万円かかっている。費用が安めの市進でこれなのだから、普通の授業時間の塾では月当たりで7、8万円の出費を覚悟しなくてはならないだろう。

市進の宣伝をするつもりは毛頭ないが、「夕食は家族と食べる」、「別の習い事と両立する」な

どの妻の方針で、市進を選択せざるを得なかった。私はどうせやらせるのなら日能研あたりで徹底的に、とも考えないではなかったが、実はもうひとつ心配なことがあって日能研はパスした。

それは「はたして息子は日能研の入塾テストに受かるのだろうか？」というものだった。いじめを受けた今の息子は、自分に自信がなくなっている。この環境から逃げ出すために塾通いをしたいという息子に、「不合格だった」はちょっときついのではないかと考えた。お恥ずかしい限りなのだが、塾で3年間受験指導をしていて、ある程度客観的な情報も持っているはずの私が、自分自身の息子の学力が、本当はどれほどのものかを、まったく分かっていなかったのである。仕事を言い訳にして、息子の勉強にはまったくタッチしていなかった。

他の家庭の状況は分からないが、お子さんの学力について、世のお母さんお父さんはご存じだろうか？「学校の成績表で、ある程度は分かる」とお考えだろうか。実は今の成績表は私たちの時代とは違って絶対評価なので、子供の頑張り度は分かっても、本当の学力は分からないのだ。やはり子供とじかに向き合わないとその力は分からない。

市進の合格基準は学力中程度だ。さすがに落ちはしないだろうが、本当はそこも少し心配だった。

数日後、市進の入塾テストがあった。帰ってきた息子に出来を聞くと「分からないところがたくさんあって難しかった」と答えた。それはそうだろう。小学校のテストでは、基礎的なことだ

40

けでだいたい答えは埋められる。息子もほとんどのテストは、90点以上だった。ただ、それは息子だけでなく、クラスの子たちもほとんどが同じで、別に息子だけが特別に出来るわけではなかった。

低学年の時、息子の成績表のマル印が全部左についているのを見て、私は「おー、これがオール5っていうヤツか。初めて見た」と喜んでいた。ところが、隣に住んでいた息子のクラスメートの成績表をたまたま見たら、同じように全部左についていたのである。妻にそのことを話すと「近頃は絶対評価だから、低学年の子はほとんどみんな左側にマルがついているわよ」と言っていた。そんな状況なので、この入塾テストは大げさに言えば、息子にとっての人生で初めての『出来なかったテスト』だったのだろう。

夕方、妻あてに市進の担当の先生から連絡があった。
「合格です。Cクラスで始めてもらいます」
Cクラスとは成績順のクラス分けでFCAの真ん中のクラスになる。妻は「Cクラスだって」と口を開いた。私は、「ヘー、初めからCクラスなんだ。あいつけっこう頭いいんだね」と答えた。落ちるとは思っていなかったが、基礎クラスのAからだろうと思っていた私にとって、少し驚きの出来事だった。と同時に息子を少し見直した。
「Cクラスから始める人なんてそんなにたくさんいないよ。お前すごいね。頭よかったんだ」と

息子に言うと、息子はポカーンとした顔をしていた。Cクラスってなんだ？　というところだ。その後も何回となく同じようなことがあるが、親が思っているほどうちの息子は物事を深く考えていないようだった。

2月の東京の私立中学受験の発表日には、テレビの取材に対して「将来は政治家になりたい」だとか、「医者になりたい」だとか、いろいろな夢を語る小学生が出てくるが、うちの息子はただなんとなく楽しく過ごせればいい、というあいまいな願望しかまだないようだった。どちらがいいとか悪いとかではなく、息子の方が普通だと私には思える。私たちが子供の頃もそんなものだったろう。

3 通塾開始　5年生・5月

息子は翌週から塾に通い始めた。

最初の日に帰ってくるなり「難しくてぜんぜん分からない」と言い出した。今まで、学校では分からないことなんて、ほとんど経験したことがないのだろう。妻も不安そうだ。

「他のみんなは初めからやっているから分かるけど、お前は途中から入ったんだから、今は分からなくて当たり前だよ。今日習ったところだけ分かるまで復習しな。そうすればそのうち追いつくよ」

と、息子には話した。そうは話してはいたが、私も少し不安になり、妻に「算数は俺が少し面倒を見るから、他をちょっと見てくれ」と言っておいた。元塾講師ではあるが、やはり他のご家庭と同じように、自分の子供に関しては初めてのことなのだ。そうとうな戸惑いがあった。

夜、塾の先生から妻に電話があり、「最初だから分からなくて当然。復習だけきちんとしてく

ださい。算数に関しては授業前などに私が少し面倒をみます。こちらに任せてください」とのこと。

しかし、このことで息子にとっての小さな悲劇が始まった。翌日から私と妻の専属家庭教師が2人ついての塾の復習が始まった。その日塾でやったプリントを分かるまで徹底的に復習する。出来るまでは寝られない。

自分の身内を教えるということは難しいものだ。私は予備校と塾で5年ほど、妻は小学校、中学校、幼児英語教室でトータル4年ほど教えた経験がある。しかし、身内を教える時は、どうしても感情が抑えられずうまくいかない。かつて妻は妹を、私は弟を教えたことがある。その時と同じようになってしまった。

「どうしてこいつはこんなことも分からないんだ」
「なんでこんなにやる気がないんだ」
「まったく覚えられない。頭が溶(と)けてるんじゃないか」

とにかく悪口のオンパレード。息子もたまったものではなかっただろう。あまりのスパルタに泣き出す時もあった。

「こんなんだったら、塾なんかに行くって言わなければよかった」

とその時は考えたらしい。さすがに私たちもまずいと思い、スパルタ家庭教師は1週間ほどでおしまいにした。塾も任せてくださいと言っているので、しばらくは任せることにした。私たち

44

は課題や復習をきちんとやっているか、やっていないかを確認するだけにしておいた。たぶん中学受験生の親というものは、なにか手伝いたくなってしまうものなのだろう。しかし直接教えるのは極力避けた方がいい。特に算数は、中学や高校の数学の知識で解けることがあるが、入試ではこれは間違い扱いとなることもある。教えたはいいが、実は子供の足を引っ張っていたというようなこともある。

スパルタ家庭教師がいなくなってからの息子の様子はこんな感じだった。

塾は週3日、平日は2時間、土曜は3時間だ。予習の必要はない。復習中心で塾から帰ってきたら、出来なかったところの解き直しをする。だいたい30分から1時間くらいだ。

それとは別に宿題があるが、それは1週間分をまとめて土曜日提出だった。息子はサッカー教室にも通っていたので、土曜に試合がない時は塾に行く前に、試合のある時は金曜日にまとめて塾の宿題をやっていた。本当は塾のない平日に少しずつやるべきなのだが、もともと勉強に対して真面目とは言えないタイプだったので、先生の宿題チェックのある土曜日の授業の直前に、まとめてやっていることが多かった。これが2時間くらい。また、入ったばかりの息子のために、先生が時々授業前に4年生の内容の補習をしてくれていた。それを合わせても塾の授業以外での勉強時間は1週間でせいぜい4時間ほどだった。1日に直すと30分程度だ。

あまりうるさいことは言わなかったが、本当にこの程度の勉強時間でいいのかと、少し不安に

なった。妻も同じで中学受験という世界に意気込んで踏み込んでいったものの、いざ始まってみると、こんなものなのかと拍子抜けしていた。テレビで見る受験生たちは、鉢巻をしめて1日5時間以上、休みの日には10時間もの勉強をしている。もちろん5年生と6年生との違いがあるものの、その姿と自分の息子の姿とのギャップがどうにも埋まらなかった。

私はかつて市進の講師ではあったが、小学生の担当は少なかった。おもに中学生を担当していた。数回だけ担当になった時に、親御さんに、生徒たちが家で勉強しないという話は聞いてはいたが、まさか本当にこんなに勉強していないとは思ってもみなかった。妻と相談し、とりあえず、最初の模擬試験の結果を見てから考えようということになったが、さすがに試験はそんなに甘くないだろう、とも思っていた。

そんな親の心配をよそに、息子は塾通いをとても楽しんでいた。まずは電車通学。もともと幼稚園の頃は電車オタクで、よくJRや私鉄の特急電車に乗せに行った。定期乗車券を持って通学しているのを、学校の友達に見せて自慢しているようだった。塾でも友達はすぐにできた。もともと明るい性格なので、すぐに打ち解けたようだ。これから約2年間いっしょに戦う仲間だ。もしかしたら同じ中学に行くかもしれない。しばらくするとそれぞれをニックネームで呼びあう仲になっていた。妻にはよくニックネームで「○○がなんなんだよ」「今度△△とあれやるんだ」とか、楽しそうに話していた。

学校の先生以外の先生も初めてだ。しかも理系科目、文系科目に分かれて2人いる。学習内容も深い。学校では学習指導要領があるので、難しい質問があっても、そこから先にはあまり進まない。塾では学校では触れない深いところまで話してくれるので、息子の好奇心も膨らんでいく。

もともと息子は好奇心が旺盛だった。小さい時、部屋で黙々と紙になにかの設計図のようなものを書いていた。なにかと思ったら、それはゲームの企画書だった。私が書いているのを真似し込んでいたのだ。これを作ってくれとせがまれた時には困ったが、設計図をそのままパソコンに取り込んで、簡単なゲームを作ってやったらとても喜んだ。

学校の帰りによく石を拾って来て部屋に飾っていた。私は少し岩石の知識があったので、「これは花崗岩、これはレキ岩、花崗岩の中のこの透明なのが石英だ。水晶とも言うんだよ」などと説明すると熱心に聞いていた。時々、ポケットの中に取ってきた石を忘れてはそのまま洗濯機に入れてしまい、妻に叱られていた。

中学受験は極端にいえば好奇心の大きさを試すゲームのような気がする。息子はどんどん塾が好きになっていった。

●塾の先生の教務力

勉強を教える力を教務力という。はっきり言って公立小中学校の先生方に多大な教務力を求めるのは難しい。

妻は元公立小中学校の教師だったが、塾の先生の方が、公立学校の先生より教えるのがうまいことは認めていた。

なぜか？ その違いは？

答えは簡単だ。まともな研修を受けているか、受けていないかというところが大きい。学校の先生の場合の研修は、大学時代の教育実習だけだ。妻はもちろん受けているが、実は私も教育実習に行っている。公立学校では研修はこれだけだ。

教育実習の期間は2週間程度だが、その間、実習先の学校の先生について授業見学や授業実習を行う。もちろん、その間にレポートなどの提出もあり、それなりの実地研修にはなっている。問題は自分が行う実際の授業実習の時間がほとんどないことだ。多くても4時間程度、教育実習生が多数いると1人2時間程度ということもある。それなのに、採用されればそのまま教壇に立つことになる。

では、塾の場合はどうか？

現在の状況がどうかは知らないが、私が市進で受けた研修はすさまじかった。これではどうやっても公立学校の先生に勝ち目はない、と私は思った。

まず採用試験を受ける。これが3次試験まである。1次は実際の入試問題を解く筆記試験だ。次に面接試験がある。そして最後が模擬授業を行う実地試験だ。そのすべてに合格すると採用となる。私の時の採用倍率は20倍以上だった。

しかしこれはスタートラインに過ぎない。採用が決まると研修を受けなければならない。研修期間は最低1ヶ月、最後に授業形式の実地試験があり、目標レベルに達しない場合は最大2ヶ月程度まで延長される。ひどいとそのままサヨナラの人もいた。

研修での1日は、まずその日のテーマを決めることから始める。テーマとはこの科目のこの部分というようなものだ。たとえば、社会の「歴史」や算数の「図形」といったものだ。テーマを決めたら、まずやるのが教材研究と授業計画の作成だ。これは解き方を研究するのではない。どのようにその問題を生徒に教えたら理解しやすいのか、という研究だ。研修者は自分ならこういう順番で、こういう方法で教える、ということをそれぞれ考える。本当にそのレベルに必要な問題を取捨選択し、どうやったらもっとも効率よく生徒に浸透させられるかを練る。つまり1回1回の授業のシナリオを描くような作業なのだ。

次に、研修の最重要課題となる模擬授業となる。研修者のうちの1日数名が指名を受け、同じテーマの模擬授業を、先ほどの授業計画に沿って各10分程度行う。生徒役も研修者だ。

私の時は全体で15名ほどだった。模擬授業が終わると研修者全体で討論が行われる。

その内容は、たとえば「あの生徒にあのタイミングで質問するのはまずいのでないか。授業に集中させるためには同じ左側の生徒ではなく、反対の右側の後ろの生徒に当てるべきだった」とか「図形の問題の解説をする前に、その定義に関しての説明をしておかないと生徒は混乱する」だとか「授業時間の配分に失敗している。あの部分よりこの部分に時間を割くべきだった」といったものだ。おそらくほとんどの公立学校の先生方は、1回1回の授業でここまでは考えてはいないだろう。が、これは競争の激しい塾業界では、授業の質の向上のために当り前のものなのだ。

模擬授業の終わりには指導者の総括がある。生徒の集中力を切らさないような技や、生徒の記憶に残るような配慮の仕方などのアドバイスがある。討論では話が白熱して、喧嘩のようになることもあった。

最後に1日の総括をする。小論文のような形でその日つかんだことや、反省を文章にまとめて提出する。提出した文章は次に日までに指導者がアドバイスを加えて返してくれる。いつもこのアドバイスが的確だった。

そのような研修が1日5時間もあり、時どきに指導者による模範授業がある。その授業が、またうまいのだ。研修者はそのレベルに達するように要求される。

私は初めてこの研修に参加した日、これは自分には無理だと感じた。逃げ出したいような気分だった。

そんな研修が1ヶ月も続く。初めはダメかもしれないと思っていたが、終わりに近づくと、自分でも驚くほど教えるのがうまくなっているが分かった。初めて塾の教壇に立った時も自分が初めてだとは思えなかった。初めて塾の教壇に立って、研修時と同じような質の高い授業のために、授業計画作成に毎日1、2時間程度の予習が必要だった。また、その後も1ヶ月に1度程度は研修があった。教材研究が主だが、塾側は常に講師の力量を保つシステムを作っていた。

小学校での主要4科目の授業時間は1週間で16時間だ。それを塾では半分の8時間程度の時間で、それももっと高度な内容のものを習得させるのだ。優秀な生徒を集めているとはいえ、そうとうな教務力がないとできないことだ。

授業参観で訪れる公立学校の先生の中にも、とてもいい授業をされている方がいらっしゃるが、その方たちは独力でどうにかしているのであって、その方法論が学校全体にゆきわたっているわけではない。塾のような研修システムを公立学校にも取り入れてもらえれば、公立学校の環境もずっとよくなると思うのだが……

4 初めての学校見学　5年生・5月

中学受験で最も大切なのは本人のモチベーションだ。とは言っても、小学生にやる気を起こさせるのは至難の業だ。だが、特効薬がある。学校見学だ。あの学校に行きたい、小学生にやる気を起こさせたい、あんな先輩といっしょに過ごしたい、などと思えたら、受験勉強にも力が入る。塾でもなるべく早いうちに第一志望を決めさせて、やる気を起こさせるために、学校見学を奨励している。6年生ではなく4年生、5年生の時から学校見学に行くことは、むしろ今のスタンダードだ。

我が家でも、学園祭の予定リストを見ながら相談を開始した。

まだ1度も塾の模試をを受けていないので、今後の成績がどうなるか分からない状態だった。まだ早いかなとも思ったが、塾の先生の勧めもあり、とりあえず1校行ってみることにした。

ターゲットは『茗溪学園』。茨城県の筑波学園都市にある男女共学の学校だ。実は私、この学校に一度行ったことがあった。市進で講師をしている時、入試前の生徒への激励で行ったことが

あったのだ。その時「雰囲気のいい学校だな」と感じていた。資料を見ても好感が持てる。海外交流や課外活動も盛んで、勉強一辺倒ではないのに進学実績もよい。通学するにはちょっと遠いが通えないことはない。寮もあるので、通えなくなったら寮という手もある。

学園祭の当日は朝の9時くらいに出たが、家から車で1時間足らずで学校に着いてしまった。距離的にはけっこう近いことを認識した。学園祭は華やかだった。私たち夫婦にとっては大学生の時以来、実に十数年ぶりの学園祭だ。中学校の学園祭に入っていくのは、ちょっと恥ずかしい気分だったが、子供連れの親御さんがたくさんいたので安心した。息子にとっては初めての学園祭だ。小学校にも学校祭はあるが規模が違うし、雰囲気もまるで違う。息子は近くの模擬店で高校の男子生徒に話しかけられていた。

「君はなにかスポーツやってるの？」
「サッカーをやってます」
「それじゃ、茗溪来てラグビーやれよ。サッカーとラグビー似てるからな。茗溪強いぞ。全国大会で優勝したこともあるんだぞ」

この話には妻が飛びついた。妻にとって中高一貫校は、『勉強だけではない、なにか別のものをもった学校』というのが必須条件だ。それからはその男子生徒や他の女子生徒を質問攻めにしていた。

帰り道、息子は「僕、あの学校に入りたい」と言っていた。この時期まだ模試は一度も受けていない。息子の力がどんなものか分からなかったが、最初に息子が塾に行きたいと言い出した時に、「茗溪」に行かせられたらいいな、と私は考えていた。『学校見学モチベーション作戦』はとりあえず成功か。

●学校見学、学校説明会で聞いておくべきこと

志望校の学校見学や学校説明会にはぜひ訪れておきたい。しかし、ただ漠然(ばくぜん)と行ってきたのではあまり意味がない。そこで、仕入れておきたい情報をいくつかあげてみた。

1、学校の雰囲気

これはぜひ生徒に聞いてみたい。学校側の説明よりもずっと正確な情報が入る。授業の様子や宿題の質や量、クラブ活動の様子などを聞いてみるとよいだろう。学年や性別を変えて数人に聞いてみたほうがいい。妻などはよく学校説明会に出かける電車やバスの中で、その学校の生徒を捕まえて質問攻めにしていた。

2、進学実績

これは合格実績ではない。進学実績だ。学校案内や学校のホームページを見ると必ず進路情報や進学実績という項目がある。そこには東大○名、早稲田○名、慶応○名、国公立○名合格などと載っている。これを見て単純に足し算して「すごい。半分くらいが早慶か国立に進学している」と勘違いされる方が多い。これは間違いだ。私立大学の場合、複数合格が可能なので、下手をすると実際の進学者はその3分の1くらいになってしまうこともある。

この表に出てこない数字も、学校説明会などでは聞くことができる。ぜひ質問してほしい。

そこをごまかす学校はちょっと怪しい。

3、中学生の通塾率

高校2、3年ならともかく、中学生の通塾率が高いということは、その学校の指導力に問題があるということだ。学校がある程度面倒を見てくれているならば、宿題はけっこうな量になる。クラブ活動を行って宿題をこなしたら塾に行く時間の余裕はないはずだ。

また先輩方が通塾しているのを見て、中2、3年と通い出すならなおさらだ。このような学校の進学実績は学校の実績というより塾、予備校の実績と言ってよいだろう。

学校の進学実績は学校の実績というより塾、予備校の実績と言ってよいだろう。このような指導に自信を持っている学校では塾、予備校には行くなとまで言っている。私立中学の学費＋塾代となるとそうとうな負担となる。そのあたりも含めて考えたい。

4、生徒のレポート

文化祭などでは生徒の提出物を見ることができる。その学校の教育内容を知ることができる重要なものだ。もちろん、すべての生徒の提出物が素晴らしいものであるはずがないが、中には大人顔負けのものが存在する。SSH（スーパー・サイエンス・スクール）に指定されている学校の生徒レポートを見たが、学会の論文発表かと思えるようなものまであった。そんな生徒を指導できるレベルの教師陣なら信頼できると思えた。

それとは別に、昨年、ある学校の見学に行ったが、夏休みの宿題に、先の震災の影響なのだろうが、放射能測定器を作成している生徒がいた。もちろん市販の物とは比べられないが、ラジオが電波を受信する機能を応用して作られていた。その発想のユニークさに驚かされた。

5、クラブ活動

あまり知られていないことだが、私立中高一貫校のクラブ活動では思ってもみないような制約が存在する。たとえば野球が好きで甲子園をめざしていたので、野球強豪校の附属の中学を受験し合格した。が、高校進学時には野球部に入れなかった、などという話がある。
和歌山の智弁和歌山中高は甲子園常連の野球強豪校で有名だが、進学校としても突出している。東大、京大など一流国立大に100名以上も合格するスーパー進学校だ。これだけ聞

くと、勉強もスポーツもできる文武両道の学校かと思ってしまう。そうではない。勉強組とスポーツ組のコースが別なのだ。文武別道だ。中学入試で入学する勉強組は、高校では野球部に入れない。それどころか運動部にさえ入れない。もっというと運動部は野球部しか存在しない。高校には全国のトップレベルを集めた野球部だけのクラスが１クラスあるのだ。勉強組は東大、京大、医学部をめざし、スポーツ組は甲子園をめざす。

これは極端な例かもしれないが、他の私立学校でも似たようなことは行われている。中学受験の学校選択時でも、もし勉強以外で何かやりたいことがあるなら、クラブ活動の状況、とくに高校進学時の状況を聞いておきたい。

6、通学に関すること

学校案内には○○駅から徒歩何分、バス何分などと案内が出ているが、実際はもっとかかることが多い。特にバスは、雨の日や混雑時には数倍かかるようなこともある。40分だと考えていた通学時間が、実際は１時間だったなどということもある。

また、始業時間は８時30分と書いてあっても、実際には朝読書や朝礼などの行事があり８時10分開始だったということもある。正確な通学時間をつかんでおきたい。

5 初めての模試　5年生・6月

入塾から1ヶ月、初めての定例試験があった。市進では1、2ヶ月に一度模試があり、模試のことを定例試験と呼ぶ。塾ではこの試験の成績をもとに志望校の合否の判定をする重要な試験だ。また、成績によってクラス替えが行われ、良ければ上のクラスへ、悪ければ下のクラスへ移動させられる。生徒にとっては合否判定よりこのクラス移動が重要で、なるべくなら上に上がれるように、悪くても元のクラスに残るために頑張っている。定例前に担任のK先生には「最初の1回は悪くても落とさない」と言われていたが、息子にはわざと伝えていなかった。安心すると気を抜くタイプだからだ。

帰って来た息子にテストの出来栄えを聞くと、「まあまああじゃない」と言っている。私は入って1ヶ月であの難しいテストをまあまあできるはずがない、と思っていた。ところが後で気がつくことなのだが息子の「まあまあ」はけっこう当てになる。のちのちテストに関しては、自分の

出来を正確に分析できているのが分かってくる。

1週間後、定例試験の結果が返ってきた。驚いたことに2科目国算偏差値53、4科目国算理社偏差値55。親バカかもしれないが「こいつはそうとう頭がいいな」と思った。5年生の6月の定例試験は、4年生全体と5年生の5月までの範囲だ。つまり息子には1年分のハンディがある。にも関わらず、受験者の真ん中の成績の偏差値50を取っているのだ。しかも国語の偏差値は58だ。中学入試で一番やっかいなのは国語だ。それも読解問題。読解問題の勉強法で「これだ」というものに出会ったことがない。無責任な言い方をすれば、できる子はなんにもしないでもできるが、できない子はなにをやってもできない。唯一の解決方法は読書だ。私はそう思っている。

息子は本の虫だった。小さい頃から妻にいろいろな本を与えられてきた。『ハリーポッター』シリーズなどは、発売日のうちにあの分厚い本を3、4時間で2巻まで読んでしまう。受験のために読書をしていたわけではないが、幼い頃からの習慣が中学受験では役に立つ。最近読書をする親の子供は学力が高いという研究結果が出た。すべての科目ではないが、少なくとも読解力、理解力とは関連があると私も思う。4年、5年生からでも遅くはない。中学受験生には読書をしてほしい。そんな時間は受験勉強に支障をきたすなどと思わないでほしい。塾でも推薦図書の冊子を配っていて読書を推奨している。

理科と社会は55くらいで、まずまずの成績だった。算数はやっぱりというべきか……唯一偏差値50に届いていない。が、計算問題でミスしている以外まんべんなく、どの分野でも得点して

59　5　初めての模試　5年生・6月

いる。あまり心配はいらないと考えた。フニャフニャ息子の意外な実力に驚かされた。

●各塾の偏差値

市進の偏差値は、他の有名塾に比べて2〜10ポイントほど高く出る傾向がある。偏差値とはその母集団の中での位置を数値化したものなので、市進の生徒の平均レベルが他の塾の平均レベルと比べて低いということになる。なので、たとえば日能研、四谷大塚の偏差値と比べればマイナス5程度、SAPIXや浜学園、希学園の偏差値でいえばマイナス7〜10と計算すれば置き換えの目安にはなる。ただ、各塾の指導方法の違いにより、合格させやすい学校は低く、合格させにくい学校は高く出る。また年度によっても大きく変わるので単純な比較はできない。合格させやすい学校と、合格させにくい学校にはなる。

偏差値50で上位50％、55で31％、60で16％、65で7％、70で2％くらいにあたる。

塾の偏差値表だが、これが思ったよりあてになる。基準の偏差値に達していれば本当に80％程度の確率で合格しているのである。ただし、偏差値がそれより低いからと、あきらめる必要はない。ほとんどの学校で、基準の偏差値よりマイナス10ポイント程度までなら合格する可能性がある。

ひとつだけ気をつけてほしいのは「首都圏模試」の偏差値は中堅校以上の合否判定には向かないということだ。地方の中堅の塾が主催している模試も同じ傾向になる。問題の難易度が低すぎて誰でも高得点が取れてしまうのだ。その結果、力があるというよりミスが少ない生徒の偏差値が上がることになる。首都圏模試は息子にも何度か受けさせたが、通常、市進偏差値より5ポイントほど高く出るはずの偏差値は、いつも市進偏差値のマイナス5ポイントくらいだった。ケアレスミス大王の息子にとってはもっとも苦手なパターンの模試だった。

【補足】
SPAIXや関西の浜学園、希学園は別格だが、現在の市進偏差値と日能研、四谷大塚の偏差値は、前と比べてそんなに差はない。たぶん中学受験人口が大きくなり、他塾が成績下位の生徒まで手を広げたのだろう。

また、塾によってはその塾が押している学校の偏差値を操作し、高く出しているとの噂がある。つまり、「こんなにレベルの高い学校にたくさん合格させましたよ」ということらしい。

●高校入試の偏差値

中学入試の偏差値が低いのに、高校入試では偏差値が上がっているという話をよく聞く。この考え方は基本的に間違いだ。そもそも偏差値とは母集団の中の位置を示すもので、母集団が違う場合、その偏差値はまったくの別物で比較の対象にならない。

中学入試の偏差値の母集団は、基本的には小学校の生徒の中で半分より上の集団である。それに対して高校入試の偏差値の母集団は、公立中学生の上から下までのすべての集団である。上半分しかない集団での偏差値の方が、全部の集団の中の偏差値より低くなるのは当り前で

中学入試偏差値

```
           50%
           31%
           16%
           7%
           2%
35  45 50 55 60 65 70
中学入試母集団
```

高校入試偏差値

```
           50%
           31%
           16%
           7%
           2%
30    45 50 55  60  65  70
高校入試母集団
```

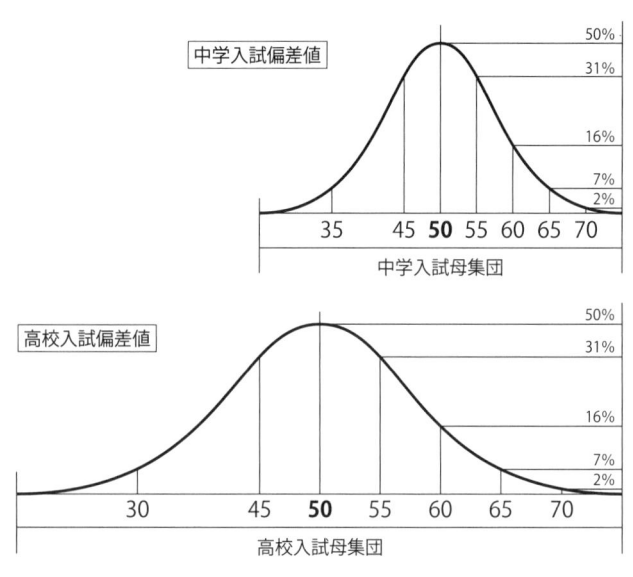

62

ある。一般的に言えば中学入試偏差値が30台でも、高校入試に換算すると偏差値50程度ということになる。中学入試の偏差値50は通常高校入試の偏差値62から63程度に相当する。中学入試の偏差値50というのはそうとうよい数字なのだ。

●他の習い事との両立

塾が「習い事はやめてください」と言っているのをよく聞く。私は習い事をやめさせるのには反対だ。両者は両立できると考えている。もちろん時間のかけ方にもよるが、週1、2回程度の習い事なら続けても大丈夫だ。

息子は小学校5年生になった時からサッカーを始めていた。週1回、2時間だったが、土曜か日曜の週末に練習試合が組まれていて、実質週2日だった。サッカーの試合と塾の定例試験が重なる時は試験を優先したが、土曜日の塾とサッカーの試合では試合を優先した。サッカーの試合はたいてい午後3時くらいには終わる。塾の授業はだいたい1時間くらいの遅刻ですんだ。そんな時は遅刻した部分の教材をもらい、家で自習して、分からないところは先生に質問した。先生もそんな時は居残りで面倒を見てくれた。週に4、5時間くらい、自分の好きなことをやってもいいのではないか。結局6年の終わりまでサッカーを続けることができた。ただし、受験期の1月だけは体調を壊すのが怖くて休ませた。息子もあの時、勉

● 大学進学実績のからくり

合格者数と進学者数

志望校選択の基準のひとつとして大学進学実績が挙げられる。これには少し注意した方がよい。よく早慶上理（早稲田、慶応、上智、東京理科大）200名合格というような宣伝文句をうたっている学校があるが、これにはからくりがある。たとえば生徒数1学年400名の学校で200名合格なら上位50％は早慶上理にいけると勘違いしてしまう。果たしてそうなのだろうか？　実際に「現役」の「合格者」数ではなく「進学者」数を数えてみると50名だったというようなことがよくある。

これは本当にあった話なのだが、大阪の学校で関関同立（関西、関西学院、同志社、立命館）140名以上合格とうたっていた学校があった。詳しく調べると、実際は1人の生徒が70学部以上合格していたという。彼はセンター試験だけで判定されるセンター入試を、1人で70学部以上受けていた。センター入試は書類のみの審査だ。受験に出かける必要はないの

64

で、このようなことが可能なのである。しかもその費用は全部学校もちだった。つまりこの学校は、センター試験で優秀な成績を取った生徒に、行く気もない大学を合格実績作りのために受けさせていたということだ。これでは一種の詐欺だ。

ここまでひどくはないが、同じようなことはどこの学校でもやっている。つまり大学の進学実績に関しては、進学者数ではなく合格者数のみ発表しているのである。しかもそれは現役・浪人合わせての数字だ。一種の水増しだ。その高校の上位半分にいれば早慶上理以上の大学に現役で入れると考えて入ったのに、実際に入ったら上位4分の1にいなくては入れなかった、というような話はざらだ。

大学が簡単になったと世間では騒がれているが、一流と言われる大学、東京で言えばMARCH（明治、青山、立教、中央、法政）、関西でいえば関関同立以上の私立大学では、入試倍率は通常5倍以上で、なかには10倍を超すものもある。1人10校受けて1、2校しか受からないというような超狭き門なのだ。そういうレベルの大学にはそう簡単には受からない。実際に上位半分がMARCHに現役合格できる学校など、首都圏でもそう多くはない。

では、各学校の本当の進学実績を知る方法はないのか。方法はいくつかある。まずは直接学校に現役進学者数を聞くのが一番だ。ただし、電話で問い合わせるのではなく、直接学校に出向くか学校説明会で聞くのがよいだろう。この情報は個人の情報もからんでくるので学校側も慎重になる部分だ。電話ではなかなか答えづらいだろう。また、この情報に関しては、

最近では週刊誌で現役進学者数の調査報告を掲載しているものもある。そのような雑誌を図書館の既刊コーナーで探してみるのもよいかもしれない。今年度も週刊誌でこの特集を打っていた。

実はそこまでしなくても、もっと簡単に学校の実力を知る方法がある。一般的な受験案内や学校HPにも載っている普通の情報でだ。その方法とはなにか？　国立大学の合格者数を見るのだ。

私立の大学は1人で何校も受験できるが、国立は基本的に1人1校だ。もちろん最近の国立大学は前期と後期の2回試験があるので2校は受けられるが、通常、前期で受かった生徒は後期を受けないので、ほとんどが1人1校ということになる。しかも国立は受験日が最後になるので、合格者数は進学者数に限りなく近い。これからおおよその国立大学への進学率が割り出せる。たとえば一学年400名の生徒数の共学校で100名の国立大学合格者がいる場合、現役浪人を合わせた国立大学への進学者割合は約25％だ。首都圏に限られるが、早慶上理進学者は、通常国立大学進学者より多い。なので、この学校の場合25％以上になるだろう（御三家レベルの超難関校は除く。御三家レベルは東大をはじめとした旧帝国大学への進学率が早慶上理進学率より多いことがある）。足して50％だ。つまり、この学校では現役浪人を問わなければ、半分より成績が上ならば、だいたいは早慶上理または国立大学に合格できると言える。受験案内やHPにも現役進学率は載っているので、この値に現役進学率をかければ、

だいたいの現在の現役での進学数が出てくる。ちなみに現在の中高一貫校の現役進学率は昔に比べてどんどん上がってきていて、共学校ではほとんどが70％を超えている。ということは、結論として、この学校では上位3分の1以上なら、ほとんどが現役で早慶上理または国立大学に合格できると言える。

これからも分かるように首都圏の場合、国立大学の合格者数が全体の20％を超えている学校はそうとうな進学校なのだ。関西や地方の場合、このパターンは当てはまらない。そのことは後ほど述べる。

男女差

進学実績をみる場合、他にも注意することがある。男女差だ。

まず、同じレベルの学校なら大学進学実績は一般的に男子校 ＞ 共学校 ＞ 女子校となる。これは男子生徒が女子生徒より冒険をするからだ。女子生徒は浪人を選択するよりワンランク下げてでも現役合格をねらう。なので男子校の方が見た目の進学実績はよい。しかし浪人も多いという現象が起きる。男子校などでは現役進学率が50％を切っているところもある。

これでは学校の実力というより予備校の実力ではないのかとも疑いたくなる。

もうひとつ男女差が現れる部分がある。女子の場合、中堅どころの国立大学よりもミッション系の難関校、上智、青山、立教、国際基督教、関西学院、同志社などや、おしゃれな女

5 初めての模試 5年生・6月

子大（津田塾、東京女子、日本女子、京都女子、同志社女子、神戸女学院など）を好む傾向がある。そのような大学は世間的には評判がよいのだが、中高一貫校や早慶などに入れる力はあるのに、このような大学を希望する女子生徒は多い。親や学校が勧める堅実な中堅国立大学や早慶などに入れる力はあるのに、づらい学校である。親や学校が勧める堅実な中堅国立大学や早慶などに入れる力はあるのに、実績はなくてもミッション系や女子大に強い学校もあるのだ。

地域差

　最後にもうひとつお話しておきたい。東大合格者数が多い学校の一覧表にも、少なからず地方の学校が出てくる。このような学校を調べてみると、必ずしも偏差値がすごく高いわけではない。あの程度のレベルで入って東大に行けるならすごいな、と思ってしまうだろう。一般的に同じ偏差値なら、地方の学校の方が都市部の学校に比べて進学実績はよい。こう書くと、地方は娯楽が少なく勉強に集中できるからだとか、学校の生徒指導がよいとか、スパルタで鍛えてるからだ、と勘違いしてしまうだろう。確かに地方の学校にはスパルタ型の学校が多いが、それだけが理由ではない。

　実はこれにもからくりがある。都市部と地方では、そもそも入学してくる生徒の質が違うのだ。たとえば都市部の学校で偏差値60の学校があるとすると、この学校の入学者の偏差値はほとんどが58から63くらいの間に集中している。ところが地方の学校の場合、同じ60の偏差

差値でも入学者の偏差値は58から75くらいまでと、上にばらけているのだ。どうしてこのようなことになるのかと言えば、その答えは単純で、地方にはその学校レベル以上の学校がないからなのだ。いくら成績が良くてもそれ以上の学校に行くしかない。その点都市部では偏差値60の学校の上に65の学校があり、さらに70の学校がある。偏差値70の生徒はなかなか偏差値60の学校には行かない。

たとえば首都圏の江戸川学園取手と市川を比べてみよう。難易度的には市川が上だが、進学実績では江戸取の方がよい。これは江戸取のスパルタ授業によるところが大きいと考えられてきたが、実はそれだけが理由ではなかった。先ほど話した地方の学校の要точか江戸取にもあるのだ。茨城県の南西部地域には、江戸取に匹敵する難関校がない。つまりあの地域の中学受験者の最上位層は江戸取に行くしかなかったのである。それに比べて市川の場合は東に渋谷幕張、西に御三家と上位校がひしめいている。合格者の最上位層はそれらの学校に引き抜かれる可能性が高い。必然的に最上位層が抜けた学校になってしまう。この状態で進学実績を上げるのはなかなか難しいだろう。

ここ数年の江戸取の進学実績の凋落は激しい。理由はスパルタ主義の名物校長の交代だと言われているが、本当の理由は別にある。つくばEXPRESS（エクスプレス）の開通だ。つくばEXPRESSを使えば、茨城県の南西部から東京都心部まではたったの30分だ。これを使って都内の上位校へ通う生徒が増えている。ちょうどつくばEXPRESS開通時に入学した生徒

の時から進学実績が落ちている。

もうひとつ首都圏の学校と、関西も含めた地方の学校の進学実績に違いがある。簡単に言えば首都圏は私立志向、首都圏以外は国立志向だ。理由は簡単だ。地方にはレベルの高い私立大学が少ないからだ。東京の早慶、MARCHなどに匹敵する私立大学は全国を見まわしても数えるほどしかない。具体的に挙げると、関西の関関同立、名古屋の南山、福岡の西南学院くらいしかない。あとは医学薬学系や名門女子大などの少数の大学だけだ。ある程度のレベルの大学をめざすなら、首都圏や関西圏に出るか地元または近隣の国立大学に進むしかないのだ。首都圏の高校生は、入試の最後にあたる国立大学まで頑張り続けられず、少しでも不得意科目があるとすぐに私立に志望変更してしまうらしい。国立と同レベルの私立があるからそんなことができるのだ。ある学校の進路指導の先生がそんなことを言っていた。それに比べて地方の高校生は、行く学校が他にないので最後まで必死に頑張り国立をめざすのだろう。それで国立大学の合格率が高いのだ。

先ほど首都圏では、国立大学の合格者数が全体の20％を超えている学校はそうとうな進学校だと述べたが、関西や地方では40％を超えている学校がそれと同等だと言えるだろう。

70

6 志望校調査　5年生・6月

塾の志望校調査の紙が来た。入塾前に申し込み用紙に適当に書いておいたものはあるが、入塾の動機が動機なだけに、その時はどこの学校がいいというような話はしなかった。息子にとっては、とにかく地元の公立中学でなければどの学校でもよかったわけだし、岡山出身の妻にいたっては、学校案内のどのページをめくっても、初めて聞くような学校ばかりで、まるっきり学校のイメージがわかない。そこで私の出番となった。

地元出身で10年以上前の話だが市進で教えた経験がある。それぞれの学校のイメージはある程度分かっていた。だが、志望校を選ぶといってもまだ塾のテストを一度受けただけの状態、いちおう真ん中のクラスにいて偏差値は55。これからちょっとは伸びるのかな？　などと考えながら、学校選択するのにこんな基準を作ってみた。これは妻も納得するところだろう。

1、詰め込み、スパルタ教育はしない。

とにかく大学受験中心で特進コースなどを作り、在学中にコース移動できない状態にする学校（能力別クラス編成はかまわない。この方が学習定着率は高い。ただし頑張れば移動できるのが大切）や、宿題・課題で毎日何時間も取られ、クラブ活動も満足にできない学校などは勘弁だ。

2、校風は自由

おかしな校則を作って生徒を縛る学校。たとえば細かな髪型まで指定して、寄り道・買い食い禁止。クラブが終わってもおなかペコペコの状態で家に着くまで我慢しろなどというのは非人間的。中学生を管理するのは大変なことだろう。しかし、いろいろと大変かもしれないけれど、ちゃんと生徒を一個の人間として扱ってほしい。校則は学校と生徒、親との信頼関係をはかるバロメーターだと思う。

3、なるべく男女共学

この時期、クラスに異性がいない状態におかれると、後々社会に出た後支障がでる可能性がある。実際私の友人も男子校出身の者の方が独身率が高かった。

4、それなりの進学実績

高いお金を払うのだからそれなりの学力はつけてほしい。具体的には、予備校なしでMARCHぐらいは行かせてほしい。ただし、自分の息子が勉強もしないのに、大学に落ちた責任を学校に転嫁したり、無理なお願いはしない。

通学可能な範囲でこの基準に当てはまる学校をピックアップすると以下のような学校が挙がった。志望校調査書の説明に「現在の偏差値はあまり気にしないこと」と書いてあった。なので偏差値は無視した。

慶応中等部　　　　　偏差値　72
渋谷(しぶや)教育学園幕(まく)張(はり)　偏差値　65
東邦(とうほう)大学東邦　　　偏差値　62
市川　　　　　　　　偏差値　58
昭和学院秀英　　　　偏差値　58
芝浦工業大学柏(かしわ)　偏差値　57
茗溪学園　　　　　　偏差値　51

基準には外れるが検討対象に別の何校かも挙げてみた。

	偏差値
武蔵(むさし)	67
慶応普通部	65
専修大学松戸(まつど)	55

さて、志望校は5つ書くことになっているけど、どれにしようか？　とりあえず、今回は受験無知な妻や息子の意見は無視する。

その時の私の心の中はこのようなものだった。

慶応中等部

場所は東京都港区の三田(みた)にあり、ここからは電車で田町(たまち)まで行く。通学時間はドアツードアで1時間くらい。言わずと知れた慶応大学の附属校だ。基本的に卒業生は100％慶応大学に行ける。ただし、高校の留年率はけっこう高いようだ。例年数十人の留年者を出すらしい。男女共学校なのだが、実は高校はない。女子校は三田にある慶応女子高、男子校は川崎市日吉(ひよし)の慶応義塾高校、埼玉県志木(しき)市の慶応志木高校、共学校は神奈川の慶応湘南藤沢高校のいずれかを選択して進学する。息子がここから通学するのなら、高校は慶応志木高校になるので高校は男子校ということになる。

合格基準偏差値はなんと72だ。息子がこの学校に入るためにはあと20くらい偏差値を上げなくてはならない。偏差値は開成と変わらないんだな。これって無謀（むぼう）？　書くのやめとこ。塾の先生方に笑われるだろうな。「また、こういうムチャなやつが出てきたよ」ってね。

【補足】
慶応中等部の入試は面接重視だ。筆記試験の問題は簡単で、ほとんどの生徒が80％程度は取れるものだ。結局最後の面接で決まってしまうので、コネ重視の入試だと陰で言われている。なのであの偏差値だったのだ。合格者の偏差値が55くらいから75くらいまでばらけるので有名だ。現在の偏差値はずっと下がって慶応普通部とかわらない。

慶応普通部

中等部の男子の半分は、3年後普通部の高校（慶応義塾高）に入る。実は学校案内などで見る慶応中等部の大学進学実績は慶応義塾高や慶応志木高などの進学実績なのだ。

で、偏差値は65。え、これってお得？　だって中等部は72で、結局同じ学校になるのに。そこで、場所や通学時間を調べてみた。通学時間1時間30分。ラッシュの中で1時間半か。ちょっと中学生には無理かな。やめとこ。

武蔵

　これは息子とは関係なしに、私の憧れの学校だ。実は私は25年前に高校受験でこの学校に挑戦して玉砕した。その当時は開成より武蔵のほうが断然上だった。この町から開成のある荒川区の西日暮里までは、たったの15分で行けるのに、それを通り越して練馬区の武蔵に行こうと考えたのも、やっぱりこの学校の魅力に当時そうとう参っていたからだろう。25年経って昔ほどの勢いはなく、駒場東邦と御三家交代などと言われているようだが、やっぱり魅力的な学校であることに変わりはない。限りなく自由に近く、私服通学、川の流れる校地、独特な入試問題。面白い。男子校だがここは特別。教育方針は「自調自考」か。偏差値は67だが、もしかしたらってこともあるかも。書いておこう。

渋谷幕張

　渋幕また難しくなったようだ。通学時間は1時間ちょっとだ。東邦や市川は完全に追い抜いたな。偏差値65になっちゃったんだ。どうなってるんだこれ。でも教育方針はユニークだ。麻布や武蔵に似てる？　進学実績もウナギ登りだ。教育方針は「自調自考」か。あれ？　どこかと同じだな。書いておこう。

東邦大東邦

千葉のお坊ちゃん学校といったところか。印象はいいのだけど、どうもぱっとしないというか地味というか。偏差値62か。難しいんだな。理系の学校か。息子は文系・理系のどっちなのかな。とりあえず書いておくか。

市川

市川は好きだな。とにかく学校はほったらかしで、「あとは自分たちでどうにかしろ！」という感じ。なんでもこれを「第三教育」というらしい。で、それでも生徒はどうにかしちゃうところにたくましさを感じる。卒業した後に伸びるらしい。現に市川卒業の私の知人たちも決してすべてが難関大学に行ったわけではなかったが、現在はいい暮らしをしている。残念ながら男子校だったのでやめようかなと思っていたら、なんと息子の入学年から校舎を立て替えて共学校にするとのこと。偏差値58。書いときましょう。移転したら通学時間はけっこうかかるな。1時間10分ぐらいになるか。

芝浦工大柏

新しく中高一貫の中等部を設置したらしい。詳しくは知らないが内容はけっこう面白そう。偏差値57か。まだ、よく分からないから、とりあえず今回ははずしておこう。

茗溪

ここはいい。息子も気に入ってるしな。偏差値は50くらい。けっこう入りやすい。やっていることもユニーク。海外との交流も盛んだし。ちょっと遠いけど、通えなくはない。書いとこ。

専修大松戸
専松、新しく中高一貫にするんだ。なに？　高校入学組とは別カリキュラム別クラス。学内別学か。あんまりよろしくないな。はずしとこ。

昭和秀英
いい学校なんだけどな、渋幕の隣というのが良くない。隣に名門校があると委縮してしまうんじゃないか。はずしとこ。

ということで初めての志望校調査は以下のように書くことにした。

1、武蔵
2、渋谷幕張

3、市川
4、東邦大東邦
5、茗溪

私の頭の中にも塾講師だった10年前のイメージしかなく、よく見てみると千葉の私立御三家に上下を足しただけの志望校になっている。

5年生・6月　志望校の所在地

●学校選択

よく受験雑誌などでは学校選択の際、学校をそのカラーによってタイプ分けしているのを見かける。その分け方というのは以下のようになる。ひとつ目は大学受験への対応による分け方。進学校と大学附属校と半附属校。次に教育方針による分け方。学校管理型か面倒見型か自主性尊重型か。最後に性別による区別で男女別による分け方。男子校か女子校か共学校かということになる。単純にこの分け方だけでも3×3×3＝27種類に分けることができる。もちろんそれだけでは微妙に色分けできない部分もあるが、とりあえず学校選択の場合は、選択する学校がいったいこの27種類のどれに当てはまるのかを把握できれば、大雑把な選択はできるはずである。

●進学校か大学附属校か

まず、進学校と大学附属校の説明をしよう。進学校とは系列大学を持たない中高一貫校のことである。系列大学をもたないということは、大学受験をするということである。「そんなの当たり前じゃないか」と言われるかもしれない。ではその逆に、大学附属校生は大学

受験をしないのかと言うと、これは大間違いである。乱暴に言えば、大学附属校の生徒の大半は受験をするのである。次の表を見ていただきたい。これは主な大学附属校の系列大学への推薦率である。

100％ 慶応中等部、慶応普通部、（両校の高校は慶応義塾高、女子高、志木高）、早稲田高等学院、早稲田実業、同志社国際、立命館宇治、立命館守山
95％ 明大明治、同志社香里
90％ 法政、法政二、立教池袋、立命館、同志社女子、関西大一
85％ 立教新座、日本女子大、同志社、啓明学院（関西学院）
75％ 青山学院、明大中野、関西学院
60％ 関西北陽
50％ 早稲田、早稲田佐賀、立命館慶祥

実際に100％系列大学に行けるのは早慶と同志社、立命館の附属校しかない。明大明治は95％で、ほとんど行ける。というか上の5％が国立大等を受験するので行けるけど行かないだけだ。明大や法政の附属は、推薦権を保留したまま国立大などの他大学が受験できる。青学は大学への推薦率70％で短大へは希望者は全員行ける。立教、中大なども推薦率が高い。

関西の関西学院、関西、同志社、立命館の関関同立の附属校も、おおむね75％以上の推薦率がある。こうみると系列大学の入学難易度が高い附属校ほど推薦率が高いことが分かる。逆に入学難易度の低い大学の附属校は一般的に推薦率が低い。どうしてこんなことが起こるのか？

理由はこうだ。

ここ数年の子供の数の減少と不況による受験者数の減少で、私立大学入試が簡単になっている。早慶、MARCH、関関同立クラスよりランクの下の大学へ行くのなら、それほど難しくない。親子ともにそのくらいの大学の推薦は、それほど欲しくはない。推薦率が低くて行けないのではなく、行けるけれど行かないのだ。中学の時にその大学の附属校に入ったが、その系列大学に満足せず、それよりランクが上の大学を受験した。確かに下位層には推薦を受けられない生徒もいるだろうが、概してこのごろの傾向として上位層は他校受験、下位層は系列大学進学の図式が成り立っている。悪い言い方かもしれないが、大学附属校からの大学受験は、系列大学への進学という保険をかけたまま受験するようなものである。

ここまで見てきて大学附属校がいいと思われる方もいるだろうが、世の中そんなに甘くない。同じ入学レベルの進学校と大学附属校の進学実績を比べてみると、雲泥の差であることが分かる。もちろん、その学校の指導力の差もあるのだろうが、やはりこの差は生徒の気持ちの問題ではなかろうか。つまり、最低でも系列大学への進学がある程度保証されている生

徒に、いくら頑張れと言ってもやる気が出ないのは当然である。逆に受験に落ちれば浪人になり、2年続けて落ちれば大学進学自体が危なくなる状況にある生徒はいやおうなく頑張るのであろう。単純な理由だ。最近の受験関係者などでは進学校の受験を勧める方が多い。

●学校の教育方針による色分け

学校管理型（スパルタ型）

学校管理型とは、いい言い方だが、別の言い方をすればスパルタ型とも言える。代表的な学校として東京では巣鴨（すがも）中が挙げられる。とにかく徹底的にやらされるらしい。あの入学偏差値で、あの大学進学実績は確かにすごい。入学偏差値56、合格実績東大30、早慶200、卒業生250人でだ。ほとんどの生徒が国立大か早慶レベルの学校に行くことになる。実は私の従兄弟（いとこ）が巣鴨のOBだ。彼に聞くと、入学手続きの時に参考書を渡され、入学式の次の日にテストがあったと言っていた。ここまでやってくれると逆に感心してしまう。しかも、彼は学校生活がとても楽しかったとも言っていた。確かに癖（くせ）のある学校だが、この教育方針に合う子供にはとてもいいのだろうなとも思った。従兄弟は現役で東大に進み、今検事をしている。学校にはとても感謝しているとも言っていた。もちろんうちのフニャフニャ息子には願い下げの学校だが……

この型の学校には、なにかと話題の多い江戸取なども含まれる。栄東や常総学院や世田谷学園、攻玉社などの特進クラスなどもそうだ。また、関西や地方の学校にはこのタイプの学校が多い。確かに進学実績には目を見張るものがある。大学附属校だが国学院久我山や日大二、近畿大系の学校もガンガンやっている。『めざせ東大なら』これらの学校だろう。

実は首都圏ではこの型がだんだん少なくなってきている。親もあまりガンガンやらされるのもどうかと考え出したのだろう。しかし他の地域では明らかにこの型が増えている。特に近畿から西の地域は、多くの中高一貫校がこの型に当てはまる。それらの学校の中には、入学偏差値から考えるとあり得ないような進学実績を出している学校もある。地方の方が上昇志向が強いのか、または数が少ない中高一貫校の生存競争がはげしいのかは分からない。

面倒見型

次に面倒見型の学校とはいかなる学校だろう。最近開校した郊外型の学校はユニークな教育方針を掲げ、大学受験の実績は重視するが、必ずしもそれだけでない学校が多い。代表格では千葉の渋谷教育学園幕張が挙げられる。1、2年生はクラスを2つに分けて20人クラス。実験や課外活動を重視してレポートなども多い。学校パンフレットの中で修学旅行は現地集合だと見た時、私は初め『東京駅の銀の鈴』で待ち合わせなら、自分の修学旅行の時もいっしょだった」と勘違いした。とんでもない。現地集合とは東京駅ではなく『奈良』で現地

集合なのだ。その他、自分で時間を管理しろということでチャイムもない。とにかく自分で考え行動することを求められる。と、なかなか面白い。また、最近、武蔵と御三家交代などと言われている躍進著しい駒場東邦もこの面倒見型学校だろう。家庭的な雰囲気で面倒を見て進学実績も上げている成功例のひとつだろう。他にも郊外型では芝浦工業大学柏や独協埼玉などがある。また、成蹊、成城などの伝統的な中堅大学の附属校などの部類に入るだろう。近畿などでも関関同立などの附属、係属校や伝統のある女子校などの一部でこの型が見られる。

また、まだ数は少ないが、公立中高一貫校はほとんどがこの面倒見型にあたる。知り合いの方が、新しく開校したこの公立中高一貫校で先生をされているが、赴任希望者が殺到しているようだ。教務力もやる気もある先生方がどんどん集まっているらしい。実験的なことも含めて、新しいことをやろうとする意気込みを感じる。公立中高一貫校に関してはこの後にも説明する。

自主性尊重型（放任型）
最後に自主性尊重型だが、悪い言い方をすれば放任とも言える。これは生徒にある程度の責任感がないとめちゃくちゃな状態になってしまう危険性がある。そのためこの型の学校にはレベルの高い学校が多い。代表的な学校として東京では麻布、武蔵、女子学院、関西では

86

灘や甲陽学院、東大寺学園などがある。実質的に校則はなし。私服通学。勉強も任せられるところはできる限り生徒の自主性に任せる。

実は東京の男女御三家と呼ばれる学校である開成、麻布、武蔵、桜蔭、女子学院や関西の難関校なども多くがこの自主性尊重型なのだ。

また、一流大学の附属校もこの類(たぐい)に入る。早慶附属校やMARCHの附属、関関同立などの附属校も生徒の自主性に任せる学校がほとんどだ。これには附属校には大学受験がないということもからんでいる。あまり管理する必要がないのだ。

気をつけてほしいのは国立大学の附属校だ。これらの学校も自主性尊重型だ。国立の附属校は元々、その大学の教育学部の教育実習用に作られた学校なのだ。なので実験的な授業を除けば、いっさい特別な進路指導や特別な課外活動がない。入ったはいいがすべて自分でやらなくてはならない。東京や関西圏のレベルの高い学校ならそれでも自分たちでなんとかしてしまうだろうが、地方の国立大学の附属校は特に大変だ。レベルの高い子供を入れたいがなにもしてくれず、中学に入っても3年間塾通いということになってしまうかもしれない。しかも国立の附属中はそのまま高校に進める学校がほとんどない。それどころか高校がないところがほとんどだ。いずれの場合も3年後にもう1度受験ということになる。

●性別による色分け

　おそらく、このことを重要視している方はそれほど多くないと思われるが、実はもっときちんと考えなければならないことなのではないかと私は思う。特に男子校、女子校という特殊な場所で、人生の一番多感な時期に異性と接触せずに過ごす。多少なりとも後々の人生に影響を及ぼさないはずがない。

男女別学校のメリット
　異性を気にせずに勉強やクラブ活動などに集中できる。そのためか超進学校には男子校、女子校が多い。スポーツのインターハイ出場校にも男子校、女子校が多い。入る前からなにか目標があるのだったら、それを突き詰められる環境が整っているのでいいだろう。

男女別学校のデメリット
　異性とのコミュニケーションが下手になる。男子校出身で、卒業後理工系学部に進む。つまり10年間ほとんど男ばかりの中で過ごす。ついでに、卒業後メーカー系企業に就職し、工業系研究所勤務。結婚できる可能性はどんどん低くなってくる。馬鹿なと思われるかもしれ

ないが、これも現実である。ある調査によると、現在独身で交際相手がいる人の割合は、男子校出身者は、共学校出身者の4分の1だ。

女子校出身で、卒業後女子大に進む。このような場合も似たような傾向にあるが、男子に比べるとその割合の差はさほど大きくない。女の人はやはり適応力があるようだ。

エピソードをひとつ紹介する。

友人に小学校から男子校に進学し、その後有名大学の工学部に進学し有名企業に就職した人がいる。彼は小学校時代には明るくさわやかで誰とでも気さくに話し、女の子にもてた。彼は中学から男子校に進学し、男しかいない工学部へ進んだ。私はそのまま地元の中学、高校と進み、地元の国立大学に進学した。もちろんすべて共学だ。大学生になって会った彼はあまり変わらなかったが、「俺、何年も女の子としゃべってないよ」などと言っていた。彼はいまだに独身だ。たぶん、一生結婚できないだろう。もちろんこの一例だけで男女別学が悪いとはならないだろうが、似たような話をいくつも聞く。男子校出身で異性との会話が苦手で結婚できない人はたくさんいるだろう。せっかく勉強して、いい大学、いい会社に入っても結婚できないのはちょっと悲しい。少子化の一因かもしれない。

現在公立中高一貫校を始めとして新設校はほとんどすべて共学校だ。また、男子校、女子校もどんどん共学化している。世の中の流れとして、男女別学校は淘汰されていく運命にあ

89　6　志望校調査　5年生・6月

息子の時代にはなかったのだが、都立の中高一貫校も数校誕生している。他の地域でも、富山県を除いて、少なくとも1県に1校は開校または開校予定だ。

● 公立中高一貫校

私立、国立の中学とは別の中高一貫校で、昨年第1期生が卒業した白鷗高校の進学実績には目を見張るものがあった。他の地域でも卒業生が出ている学校ではおおむね進学実績は良好だ。今後は優秀な生徒の受け皿として実績を伸ばしていくだろう。授業料が無料でしかも進学実績もよい。そのうえ各校で特色を出していて面倒見もよい。至れり尽くせりの内容だ。こんなに良いことはないと思われるだろう。しかし、やはり短所はいくつかある。

実は都立中高一貫校ができた後に、我が家の娘も下の息子も中学受験をしたのだが、次のような理由で都立中高一貫校は受けさせなかった。特に私立との併願は難しい場合もあるのだ。

るのだろう。

入試問題が特殊

公立中高一貫校は制度上学力試験ができない。そのため適正検査という形をとっている。これらの問題は一般的な私立中学の入試問題とは大きく異なる。そのため私立中学の入試の対策だけでは合格できない。簡単に言うと、実務能力が求められるようなテストなのである。資料を読んでそこから読み取れることを100字で述べるとか、あるテーマに関する作文（小論文）であるとか、とにかく普通の小学生にとっては見たこともない問題が出題される。私立中学の入試問題を解き、うにするにはそうとうな能力がいるだろう。しかも学校ごとに出題傾向も異なるために、1校ごとに対策を立てる必要がある。合格するにはそうとうなハードルがあるのだ。

ここに一例、問題を挙げてみた。都立では初の中高一貫校である白鷗中学の問題だ。読者の方にも一目見てわかっていただけるであろうが、入試問題と言うより技能試験や資格試験のような性格の問題だ。資格試験の「旅行業務取扱管理者試験」かと思ってしまう。ここには掲載していないが、他の問題もまた違った傾向のものだ。1問は一般的な算数の距離の問題。あと2問は国語的なオリジナルの短歌を作る問題と読解の記述問題だ。この記述問題は全部で6つあって、短いものが3つと200字のもの3つという構成だ。これを解くには、そうとうな読解力と作文力がないとできない。

91　6　志望校調査　5年生・6月

白鷗中学２０１１年適正検査

1

　小学校６年生の健太君は、お父さんに「夏休みに旅行に行くって言っていたよね。ぼくは、Ａ町の遊園地でやっているショーが見たいな。」とお願いをしました。すると、お父さんは、「Ａ町と言えばぶどうや温泉が有名だな。それでは８月にみんなが楽しめる計画を健太が立ててみたらどうだ。ただし、初日はみんなでぶどう園に行くように計画するんだぞ。」と言いました。

　そこで、旅行の計画を立てることになった健太君は、おじいさん、おばあさん、お父さん、お母さん、妹の千夏さんの予定や希望を聞きました。そして、旅行会社の人にＡ町の見どころ、費用、旅行の条件を聞き、まとめました。

【資料１】健太君の取材ノート①

＜みんなの予定と希望＞

・絶対に守ること

祖父：おばあさんといっしょに町内会の旅行に行くから、８日から１０日までにかからないように予定を立てること。

祖母：町内会の旅行もあるし、お茶のおけいこもあるから、３日と１７日は外すこと。

父　：必ず初日にぶどう園でぶどう狩りをすること。
　　　帰る日は１８時までには必ず家に着くこと。
　　　おじさんが家に来るから、１４日から１６日までは外すこと。

母　：必ず２泊で計画し、６人全員で同じものを見て回ること。
　　　必ず３日間とも、見どころのどこかで昼食をとること。

千夏：同じ小学校の友達のお誕生日会があるから、５日は外すこと。

ぼく：必ず遊園地で人気者のショーを見ること。ショーは毎週日曜日と１日と３日と２２日と２４日にやっている。
　　　ショーをゆっくり見たいから、遊園地には旅行の最終日に行くこと。
　　　友達と祭りを見に行くから、２６日は外すこと。

・できるかぎりかなえたいこと

祖父：Ａ町のお城をゆっくり見て回りたい。

祖母：Ａ町の温泉に行きたい。

母　：なるべくすいている日にゆっくり回りたい。

千夏：プールに行きたい。

【資料2】健太君の取材ノート②

<旅行会社の人から話を聞いて決めたこと>
・往復の新幹線代とホテル代がふくまれている旅行会社の商品を利用する。
・行きと帰りの新幹線にかかる時間は、それぞれ3時間とする。
・旅行の計画に入れられる見どころでの入場料などは、別にかかる。
・夕食と朝食はホテルでとる。夕食と朝食の代金はふくまれている。
・夕食は18時30分からなので、ホテルには18時までにはとう着する。
・朝食は7時からなので、朝食後にホテルを出発する時刻(じこく)は8時とする。

【資料3】健太君の取材ノート③

<旅行の計画に入れられるA町の見どころについて分かったこと>

見どころ	開いている時間	見学や活動にかかる最低の時間	入場料(大人1人分)	休業日
城(しろ)	9時~17時	1時間(ここで昼食はとれない)	0円	毎週月曜日
温泉	9時~17時	3時間(昼食をとる場合は4時間)	600円	2日
ぶどう園	10時~16時	2時間(昼食をとる場合は3時間)	1000円	12日~17日
プール	9時~17時	3時間(昼食をとる場合は4時間)	600円	19日
遊園地	9時~20時	4時間(昼食をとる場合は5時間)	2000円	毎週火曜日
遊覧船(ゆうらんせん)	10時~16時	2時間(ここで昼食はとれない)	600円	24日

注意1:駅とホテルの間やそれぞれの見どころの間は、移動のために1時間あけて計画する。
注意2:子供(こども)の入場料は大人の半額として計算する。(子供は小学生までとする。)
注意3:昼食代金は、大人も子供も1人800円として計画する。

【資料4】健太君の取材ノート④

<プール・遊園地の8月の曜日別のこみ具合(ぐあい)>

	日曜日	月曜日	火曜日	水曜日	木曜日	金曜日	土曜日
プール	×	○	○	○	○	△	×
遊園地	×	×	休業日	○	○	○	×

(○=すいている、 △=やや混雑、 ×=大混雑)

【資料5】 8月のカレンダー

日曜日	月曜日	火曜日	水曜日	木曜日	金曜日	土曜日
	1	2	3	4	5	6
7	8	9	10	11	12	13
14	15	16	17	18	19	20
21	22	23	24	25	26	27
28	29	30	31			

　もしあなたが健太君だったら、どのような旅行計画を立てますか。**【資料1】**から**【資料5】**を参考にし、できるかぎり多くの希望をかなえる旅行計画を立て、次の問題に答えなさい。

[問題1]　あなたが立てた旅行計画の日程と見どころとそこでかかる費用を、下の**【1日目の記入例】**を参考にしながら、解答用紙の表に記入しなさい。

【1日目の記入例】

	時　間	予　定（見どころ等）	1人分の費用	人　数	費用の合計
1日目（〜5）日	8時から11時まで	行きの新幹線			
	（12時）から（15時）まで	【　動物園　】（昼食）	大人　＝　1800円 子供　＝　1300円	大人　＝　4人 子供　＝　2人	9800円
	（16時）から（17時）まで	【　美術館　】昼食	大人　＝　1000円 子供　＝　　500円	大人　＝　4人 子供　＝　2人	5000円
	（18時）	ホテル着			

(注意) その見どころで昼食をとる場合には、昼食の文字を ◯ で囲む。

[問題2]　あなたが立てた計画に、その良さがよく分かる名前を、5字以上20字以内で付けなさい。、や。や「なども、それぞれ字数に数えます。

解 答 用 紙　**適 性 検 査 I**

[問題1]

	時　間	予　定（見どころ等）	1人分の費用	人　数	費用の合計
1日目 （　）日	8時から 11時まで	行きの新幹線			
	（　時）から （　時）まで	【　　　　】昼食	大人　＝　　　円 子供　＝　　　円	大人　＝　　　人 子供　＝　　　人	円
	（　時）から （　時）まで	【　　　　】昼食	大人　＝　　　円 子供　＝　　　円	大人　＝　　　人 子供　＝　　　人	円
	（　時）	ホテル着			
2日目 （　）日	8時	ホテル発			
	（　時）から （　時）まで	【　　　　】昼食	大人　＝　　　円 子供　＝　　　円	大人　＝　　　人 子供　＝　　　人	円
	（　時）から （　時）まで	【　　　　】昼食	大人　＝　　　円 子供　＝　　　円	大人　＝　　　人 子供　＝　　　人	円
	（　時）から （　時）まで	【　　　　】昼食	大人　＝　　　円 子供　＝　　　円	大人　＝　　　人 子供　＝　　　人	円
	（　時）	ホテル着			
3日目 （　）日	8時	ホテル発			
	（　時）から （　時）まで	【　　　　】昼食	大人　＝　　　円 子供　＝　　　円	大人　＝　　　人 子供　＝　　　人	円
	（　時）から （　時）まで	【　　　　】昼食	大人　＝　　　円 子供　＝　　　円	大人　＝　　　人 子供　＝　　　人	円
	15時から 18時まで	帰りの新幹線			
				入場料と昼食代金の合計	円

※必要がない行は使わなくてもよい。

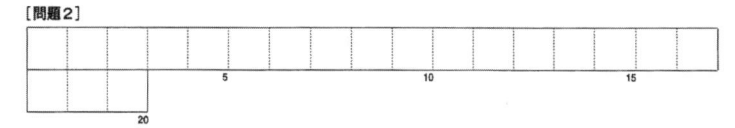

[問題2]

（問題1の解答例はP.205参照）

入試日が遅い場合がある。

公立中高一貫校の試験日時は遅い。関東や関西では、すでに私立の入試が終了しており、私立に合格している場合、入学金などを収めてしまっていることが多い。そのため私立ねらいの上位層が受験しない。また、東京や神奈川では最上位層の受験生は、東京の国立大学の附属校と試験日が重なるため受けない。

ただし、千葉県や埼玉県など入試日が早いので問題にならない場合もある。

受験倍率が高い。

とにかく受験倍率が高い。大都市圏の公立中高一貫校では最低でも5倍、通常10倍超えで最大で30倍程度の倍率になる。この倍率であの傾向の問題だと実力よりも運に左右される試験だと言えよう。真面目にここだけめざしていて、落ちたらかわいそうなくらいだ。

進学実績がまだよく分からない。

新設校が多く、まだ大学進学者が出ていない場合が多い。受験生はリスクを避けようとする。東京都を例とすると白鷗高校の進学実績は素晴らしかったが、その当時都立中高一貫校は白鷗しかなかったために、公立中高一貫校ねらいの全受験生が集中して一時的にレベルが上がった可能性がある。現在数校に分散している影響がどうなるかを見極める必要がある。

他の地域でも同様で、見極めるにはまだ数年が必要だ。

以上公立中高一貫校の特殊性を述べてきたが、やはり授業料が無料ということだけでもメリットがあるのに、授業内容や進学実績も伴えば私立の難関中高一貫校もうかうかしていられないだろう。

特に、千葉県の千葉高校附属は千葉県の最上位校の附属で日程的に私立ねらいの生徒も受験できるため難易度が非常に高い。入試倍率は約30倍だ。東京の小石川中等教育や両国高校附属、富士高校附属などもかつての地域ナンバーワン校だ。これらの学校の卒業生が出るのは数年先だが期待はとても大きい。

他の地域、特に人口の少ない県にできた公立中高一貫校は、中学受験とはあまりかかわりがなかった地域にも、中学受験を持ち込んだという意味でも意義深い。今後どんどん公立中高一貫校は増えていくだろう。

戦前の旧制中学はすべて中高一貫校だった。また、アメリカのハイスクールもすべて中高一貫校だ。戦後の義務教育というくくりの中、日本で生まれた中学校だが、将来的にはその役割を終えていくのではないかと私は思う。

このように、今のところ公立中高一貫校の受験は一般的な私立・国立の中学受験とは別物

であった方がいいようだが、進学塾では、公立中高一貫校の対策コースを設けているところも多い。私はあの入試問題では対策の立てようがないのではと思っていたが、そこはさすがは受験のプロである。すでにノウハウを築き上げているところもあるようだ。結局やり方は違うが、私立中学受験と同様に合格するには塾に頼るのが近道なようだ。

● 中学受験はなんのため？

息子や娘たちの受験時に、まわりの受験生の親たちと話す機会がよくあった。そんな時どうして子供を中学受験させるのかと聞くと、返ってくる答えは3つほどに絞られる。
1 で圧倒的に多いのが、「地元の公立中学にやりたくない」
2 は、「医者や弁護士など特定の職業をめざしている」
3 は、「将来の選択肢を増やすため」
2と3は実はいっしょで、職業選択のために学歴または資格を身につけたい、ということだろう。実は1もほとんど2、3と同じなのである。地元の中学にやりたくない理由は明白だ。学校が荒れる→よけいなことに時間を取られる→授業が成立しない→勉強ができない。授業が簡単→授業自体が無駄→勉強が面白くない。この先にあるのは、やはり2と3と同じ学歴ということになる。

●学歴社会は本当？

日本は学歴社会だと言われているが本当にそうなのだろうか？　簡単にYES、NOとは言いづらい難しい問題だが、あえて言うとすれば、私はNOだと思っている。中学受験のことを書いていて、その根本を否定するようなことを言うことはおかしいかもしれないが、そうだと思う。

ある職業の方たちには、学歴が確かに必要だ。たとえば、医者、弁護士、会計士、公務員、教師など、資格試験や採用試験を通らなければならない人たちだ。では、日本社会で圧倒的な数を占めるにサラリーマンはどうだろう？

実際に就職活動の時に大学名で落とされることはあるようだ。具体的に言うと、たとえば東京六大学以上は1次の書類審査を通ったが、それ以下はすべてダメだった、という話は聞いたことがある。明らかにおかしなことだが、実際にはある。だが、現在そのような単純な選択方法では企業も立ちゆかなくなっている。この不況下では学歴があるだけの金食い虫の無能な新人は不要だ。本当に役に立ち、戦力となる人材が必要なのだ。そんな時代では、どんな大学出身でも問題処理能力とコミュニケーション能力があれば採用される。極端な例だがソニーやホンダでは出願書類に出身大学を書く欄がない。自分たちの選考能力によっぽど

自信がなければできないことだが、その方法でここまでうまくやってきている。今後は大学名ではなく、実務能力を基準とした選考にどんどんシフトされるだろう。

現在、大学生の就職活動の開始時期が早すぎると問題になっている。これも、ただ単に学歴で採用していた過去の採用基準では、企業が立ちゆかなくなっていることの表れのひとつだろう。

大学3年の初めからいろいろなコネを頼って企業を訪ね、3年の夏にはインターンシップとして企業で研修を受ける。3年の12月に正式に就職活動を開始した時には、ある程度のところまで決まっていないと遅いということもあるようだ。これなどは就職活動というより、学生による自身を売り込む「営業活動」といえるだろう。

学生にとっては社会で使える力を養える、企業にとっては学生の学歴だけでは分からない本当の力を見極められる、という意味ではよいことなのだろう。しかし、このような行きすぎた現象は、学生の本分は勉強ということの妨げになっている。企業側にとってもこのことは負担になっているのだが、どうしても優秀な人材確保のためにやめられないということらしい。

私は自営でIT関連の仕事をしているが、仕事を受注するときに学歴を聞かれたことはない。約束通りきちんと物を納品できればいいので当然のことだろう。実際にこれまでの人生で大学卒業の学歴が必要だったのは、市進の講師の仕事をした時だけだ。採用基準に大卒以

100

上という条件があったからだ。その時も別の仕事をしてもよかったのだ。つまり、私が生きていくうえでは学歴は必要なかったことになる。

学歴と恋愛・結婚

では、学歴が本当に必要な時はどのような時かと考えると、それは恋愛や結婚の時だと思う。寂しいことだが、「ビビビ」と来て好きになれればどんなにいいことかとは思うが、実際は最初にどういう素性の人か、特に学歴を気にしてしまうだろう。悲しいことだが、無名大学より有名大学の方がもてる。ったら自然と引いてしまうだろう。悲しいことだが、無名大学より有名大学の方がもてる。つまり結婚しやすいことになる。結婚には学歴が深く関連している。同じようなことを書いてある記事を最近の雑誌などでも見かけるようになった。
さすがにこんなことを考えてはいても、息子に「お前、女にもてるためには勉強しろ。勉強しないと結婚できないぞ」などとは言えるはずはなかったが……

詩人の相田みつをさんの詩にこのようなものがある。
「かねが人生のすべてではないが、有れば便利、無いと不便です。
便利のほうがいいなぁ」

（相田みつを『にんげんだもの』より）

「金」をそのまま「学歴」に変えてもいいのではないか。
「学歴が人生のすべてではないが、有れば便利、無いと不便です。
便利のほうがいいなぁ」

確かに学歴があればいろいろと便利かもしれない。

以上、長くなってしまったが、学校選択に関してのお話をした。塾や受験雑誌、Webサイトなどでの情報収集もよいのだが、やはり最も大切なことは、実際に学校に出向いて見てくることだ。文化祭や体育祭ははじかに現役の生徒と触れ合えるチャンスだ。塾などでは、たいていの学校見学のできる日付の一覧を表にして配っている。そのような資料で興味のある学校を選択し、子供と出かけてみることをお勧めする。親がいいと思っていても、子供は興味を示さないこともしばしばだ。本人も親も納得できる学校を探し出してほしい。

7 躍進期　5年生・7月〜6年生・4月

その頃の息子はいつも楽しそうに「行ってきまーす」と、大きな声を出して塾に通っていた。難しい勉強にも、徐々に対応できるようになってきていた。2回目、3回目の定例試験も順調に伸びていて、偏差値は2科、4科とも偏差値60近くなっていた。特に苦手だった算数は、基本問題も応用問題もできていて、得意科目に変身していた。順調な滑り出しだった。

5年生の夏期講習では、お弁当持参で選択制の単科も取って午前・午後の講習を受けた。私としては5年生からそんなにやらなくてもいいと思うのだが、息子にとっては友達といっしょに食べるお弁当の時間が遠足みたいで楽しいらしい。友達といっしょに勉強するのも楽しいのだろうか、時々居残りして先生に質問をしていた。先生もそんな時は丁寧に教えてくれる。友達とは漠然とではあるが、「どの学校を受けるの？」というような話もしているようだ。少しずつではあ

るが、受験というものを意識し始めていて、話の中にもちらほらと学校名が出始めていた。具体的には東邦大学東邦、江戸川学園取手、専修大学松戸などだった。

秋になったある日、息子が新しいゲーム機を買ってくれとせがんできた。そのゲーム機は3万円もするものだった。とてもじゃないが、そんな高価なものを簡単に買い与えるわけにはいかない。まして、もともと仕事でゲーム関連のこともやってはいたが、私自身がゲームをあまり好きではなかった。そこで、ちょっとした冗談のつもりだったのだが、「もし、成績優秀者に載ったら買ってやってもいいぞ」と言ってしまった。市進では定例試験の成績上位の者の名前を冊子にして配っていた。生徒たちもこの冊子に載ることを目標にしている。ただ、簡単にはいかない。偏差値でいえば66くらいだ。合計2000人以上いる生徒の中で上位150位以内に入らないとだめだ。

私はもしかしたらやばいかなと思いつつ、いやそんなに簡単にはいくはずがないと考えていた。

次の日から息子の目の色が変わった。塾から帰ってからの復習にもずいぶん熱が入っている。

「本当に買ってくれるんだね」

定例試験の返却日に息子はルンルン顔で帰ってきた。

「お父さん、僕、成績優秀者に載るよ」

成績は算数66、国語63の2科目平均66、4科目で60だ。私は成績表に目をやりながら、やられたと思った。そういえば午年の息子はこれまでも、人参をぶら下げればよく走る馬だった。ご褒美付きだとがぜん力が入る。今回理科・社会の成績はあまり良くない。だが、成績優秀者は1科目でも載る。こりゃ、算数と国語に集中したんだな、と私は思った。息子は算数と国語2科目の優秀者に名前が載った。

私はしかたなく新型ゲーム機を息子と買いに出かけた。

「ほら、ご褒美だ。よく、頑張った」

「サンキュー」

帰って、早速ゲームを始めようとする息子に「やりすぎるなよ。1日1時間な」と私は付け加えた。私はゲームも習い事と同じように、禁止してしまうのには反対だ。うちではタイマーを与えて1日1時間と決めていた。1時間くらいなら適当な気分転換になるだろう。「次に成績優秀者に載ったら何買ってもらおうかな？」などと言っているので、「ご褒美はこれでおしまい」とも言っておいた。

その日の夜に塾の担任のK先生から妻に連絡があった。「ここのところ成績がどんどん上がってきているので、もし本人にやる気があるのならFクラスで頑張ってみますか？」とのこと。

Fクラスとは御三家ねらいのクラスで、市進がもっとも力の入れているクラスだ。結局のとこ

ろ受験塾の評価は御三家などの有名校に何人入れたかというのがすべてだ。特に首都圏の場合、開成に、関西の場合は灘に何人入ったというのが重要で、その合格人数だけで塾の優劣が決まってしまう、と言っても過言ではない。なので、他のクラスとは力の入れ方が明らかに違う。居残り1時間は当たり前、宿題も高度なものが大量に出る。この頃の息子の第一志望は御三家の武蔵。私もここ数ヶ月の息子の成績アップでそうとう強気になっていて、まわりが見えないところもあった。

「そうか。じゃ来週からFなんだな」

私が笑顔で言うと、妻がたしなめた。

「ちょっと待って。ちゃんと本人に聞いてからね」

本人に聞くと意外にも「僕はそんなクラスに行かない」とそっけない。あれだけ頑張って、その結果が出たというのになにを考えているのだ、と私は思った。けっこうしつこく説得したのだが、息子はがんとして受け付けなかった。息子は偏差値の高い学校に行きたいわけではない。今のところ学歴とか将来のこととかもよく分からない。単純にいじめのない中学に行って仲間と楽しく過ごせればいいのだ。今、このクラスには気が置けない仲間や大好きな先生がいる。Fクラスに行けば仲間や先生ともお別れだ。息子ににとってFクラスに行くメリットはまるでないのだ。

その時の定例試験の結果は以下の通りだ。この定例試験からは志望校を記入することになった。

106

合否判定も出ている。

◆5年生11月　偏差値　2科（算国）66　4科（算国理社）60

志望校　　合否判定

1、武蔵　　　　　　60％
2、渋谷幕張　　　　60％
3、東邦大東邦　　　80％
4、芝浦工業大学柏　80％
5、市川　　　　　　80％
6、茗溪　　　　　　80％

初めての志望校調査の時には、妻も息子もまるっきり中学受験についての知識がなったが、こにきて彼らにも徐々に情報が入りはじめ、彼らなりの主張をしてきている。
茗溪はこのあと抜け落ちた。
「茗溪はいい学校だけど、あんなに遠くまで行かなくても、近くにもいい学校がある」

というのが理由だ。

そのいい学校の筆頭は「芝浦工業大学柏」。国際交流活動や植林授業、中学卒業までに英検準2級取得、自作ホームページの制作など、ユニークな教育方針に、妻も息子も「芝柏（しばかし）」ファンになっていた。特に息子は生徒全員が常時ノートパソコンを携帯するところが気に入っていた。なにかオマケに釣られている幼児のようだ。私はあの教育方針に共感はするが、どうも中途半端な大学の附属校というのが気に入らずに、「うちの息子が行ったら遊びほうけて芝浦工大決定だ」と妻に反論。妻が「芝浦工大でいいじゃない」と言い返してくると、「いや、高い金払うんだから最低MARCHか国立じゃなきゃいやだよ」と再反論。息子の成績が上がるにつれてだんだん親に欲が出てきてしまっている。初めのことを忘れていて、少し反省。でも、この合否判定を見ていると欲も出てしまいます。

とりあえず、まだ私の希望が色濃く反映されている。

●大学の難易度

実は現在の芝浦工大の偏差値は、法政大理工の偏差値より高い。明大理工と同レベルだ。この時、私は学校の名前で判断して、MARCHより芝浦工大は下だ

と勝手に決めつけていた。しかし芝浦工大は社長輩出数では全国でもトップレベルの理系の実力校として近年株をあげてきている。また、所在地は都内の一等地で通いやすい。他の大学が郊外へ引っ越してレベルが下がっているのとは対照的だ。大学の難易度も日々変わっている。私たち親世代の頭の中の固定観念を持ち出して判断するのは危険だ。ちなみに女子大は、大幅にレベルダウンしている。偏差値だけでいえば、一部の学科だがお茶の水女子大より同じ国立・教育系の東京学芸大の方が上、聖心女子大より日大の方が上である。よく飲み屋の噂話で「□□の娘××女子大に行ってるんだって、頭いいんだな。それに比べて△△の息子は○○大学だってよ」などという話を聞くが、実は○○大学の方が××女子大よりレベルが高いなんてことがよくある。

ただ、偏差値表を見る時に、ひとつ気をつけてほしいのは国立と私立を比べる時で、一般的に偏差値では私立の方が国立より上になる。しかし、これは私立の方が国立より受験科目が少ないという、受験科目数による現象なので、私立と国立は分けて考えた方がいい。たとえば偏差値だけでいえば、昔から早稲田政経の方が東大文Ⅱより上だ。

とはいっても、私立の上位校に比べると、国立大学もずいぶんと簡単になってきている。

これには単純な理由がある。授業料が上がったのだ。私たちの時代には年間授業料は20万円程度だったが、今は60万円程度かかる。私立と比べると理系はまだまだ私立の方が高いが、文系は大差がない。ということで、中堅国立大学より身近な上位の私立大学という現象が起

109　7　躍進期　5年生・7月～6年生・4月

先日、ある大学生に話を聞くと、現在明治大学に通っているという。その学生は千葉大も受かったが、明治にしたと言っていた。私たちの時代では考えられないことだ。私の同級生の中には早稲田を蹴って千葉大に行った者も何人かいたのに、隔世の感がある。中学受験を考えている親御さんには、一度大学の偏差値表を見ることをお勧めする。昔と比べると、下剋上のすごいことになっているのだ。

● 大学受験の絶対的難易度

大学入試は簡単になっている。これは事実だ。先ほどお話したが偏差値というのは母集団上の位置を示す。偏差値は上がっていても実際の学力は下がっている。
我々の時代の同学年の人口は170万人前後で現在は120万人前後だ。例えば、国立大学の今年の定員は約10万人だ。それは我々の年代でもそう変わらない。つまり我々の年代では17人に1人しか入れなかった国立大学に、12人に1人が入れるようになった、ということだ。
また、この間に新たな受け入れ先として新設の大学、学部が加わっているので大学全体の入学定員も増加している。つまり人口減少と大学入学定員の増加で、二重に要素が加わり、とても入りやすくなっているのだ。選ばなければだれでも大学に入れる全入時代がやってき

一部の大学では、この問題解決のために附属校の教育に力を入れている。私もかかわっているある大学では、全国の附属校を大学の先生がまわり、文化祭などで大学の体験授業や実験授業などをしている。これは附属校の生徒だけではなく、見学に訪れた中学・高校受験生も含めて囲い込んでしまおうという作戦だ。

　息子に直接教えるのはお互いストレスがたまるのでやめにしたが、やるべきことをきちんとやっているかは時々チェックしていた。虫が知らせるのか、そんな時は必ずと言っていいほど、課題をこなしていない。注意するとやはり感情的になってしまい、大げさに言ってしまう。

「なんのために勉強していると思ってるんだ」
「自分の行きたい学校に入るため」
「それも大事だが、そんなことは大したことじゃない。本当に大切なのは、自分が嫌だと思うことを嫌がらずにがまんしてやれることだ。その訓練をしてるんだ我ながらいいことを言っている。
「どうしていい学校を出た人がいい会社に入ったり、みんなに褒められるか知ってるか」
「分からない。どうして？」

「それは、いい学校に入るには努力しないと入れないからだよ。そういう人はほかのことやっても、ちゃんとできることが多いんだ。だから、みんなそういう人を評価するんだよ」
「ふーん」
「だからお前も嫌な勉強もちゃんとやらなきゃだめなんだ」
「はーい」
と息子は素直に答えているのに、横から妻がしゃしゃり出てくる。
「えー、勉強って嫌なことじゃないよ。私勉強好きだったよ。だって分からなかったことが分かるようになっておもしろいでしょ」と、のたまわった後、続けて息子に言った。
「お前だって学校で習わなかったこと、塾でいろいろ教えてもらって楽しいことあるでしょ」
「うん、ある」
「私立のレベルの高い中学に行けば、もっといろいろな楽しいこと教えてくれるよ。いろいろ調べたり、実験で山に行ったり、外国の人と英語使ってEメールで文通したり……パソコンであ、芝柏かよ。私は思った。
息子は妻の言葉に納得してしまう。
確かに学問の本質はそうなのだが……途中まではいいところだったのに私の立場はどうなるのだ？

その後息子の成績は偏差値60前後を行ったり来たりしていた。

◆5年生2月　偏差値60

志望校　　合否判定

1、武蔵　　　　　60％
2、渋谷幕張　　　60％
3、東邦大東邦　　80％
4、芝浦工大柏　　80％
5、江戸川取手　　80％
6、専大松戸　　　80％

●私と妻の教育方針

　私と妻の教育方針で大きく違うのは、大学受験に対する考え方だ。私はできれば、大学受験は楽に通過できればいいと考えている。だから早慶をはじめとした大学の附属校を肯定的にとらえている。しかし妻は、受験をした方が学力をつけられることから、大学受験をした方がよいと考えている。
　私が高校3年生の夏休み、受験勉強のために近くの図書館へ向かっている時、中学時代の友人とばったりあった。その友人は早稲田大学高等学院に通っていて、真っ黒に日焼けしていた。お互いなにをしているのだ、と聞いた。私は「受験勉強で図書館だよ。当たり前だろ」と答えたが、友人は「俺、ラグビーやってるんだ。これから練習。俺、受験ないからな」と返してきた。
　その後、友人は早稲田大学に、私は地元の国立大学に進学したが、世の中不公平なことがあるものだと思った。中学の時の成績は私の方が少し上だった。結局友人は7年間ラグビーをやっていたようだ。好きなことをとことんやったのだろう。その友人は誰でも知っているような有名な大企業に就職した。
　私は子供には受験勉強よりも、なにか自分の好きなことを突き詰めてやってもらえたらと

思う。スポーツでも音楽でもなんでもいい。そのことが結局後々の人生に役立つはずだ。もちろんそれで食べていければ最高だろう。

私は高校時代、音楽にのめり込んだ。1日10時間もギターを練習し、バンドを作ってライブもやった。そのために成績は急降下して3年間は底辺をさまよった。留年の危機さえもあった。母には泣きながら音楽をやめてくれと頼まれた。母にとっては敵のような音楽だったのだろう。でも、おかしなもので今の仕事にその音楽が役に立っている。IT関連のコンテンツ作成を主な生業としている私にとって、高校時代からやってきた音楽制作の作業はすべてのルーツになっている。もちろん文字通りに楽曲を作るということもあるが、それ以上に、ものを作るプロセスは、作曲でもプログラミングでも映像制作でもインターネットサイトの構築でも同じだ。私の学生時代の音楽活動が、実は現在の私の仕事の原点になっているのである。しかもその高校、大学の学生時代の膨大な訓練時間のおかげで、この好きなことを仕事にできた。とてもラッキーだった。

そんな自分にとっての芯になるようなものを探し出し、突き詰めるには大学附属校の方が有利だ。私はそう考える。もちろん好きなことが見つかれば、という条件つきではあるが……もし、やることがなければただ惰性で過ごすことになる。ゲームをやって終わりということも考えられる。

一方妻は、受験勉強で人間の能力は高まると考えている。1年または2年、集中して勉強

することにより、記憶力、問題処理能力やコミュニケーション能力までも高まることを疑っていない。確かに附属校出身者の学力は、大学内で問題になっている。特に英語に関しては深刻だ。妻も私も英語が話せるのだが、確かにあの時期に受験勉強をしていなければ、話せなかっただろう。そういう意味では受験勉強も確かに役に立つ。大学では特別なカリキュラムを作って附属校出身者の英語対策に乗り出している。

ただし、こんな話もある。私が仕事でお世話になっている大学の先生は、「確かに附属校の生徒の成績は入学当初は悪いが、3年生くらいになるとほとんど一般受験の生徒と変わらなくなる」とおっしゃっていた。大学に入ってから勉強するということか？

その先生も含めて同僚の先生方もテレビでも見かけるけっこうな有名人なのだが、そんな方たちに、高校時代どんな勉強をしてきたのかと尋ねると、みなさんちゃんと勉強を始めたのは大学に入ってからだとおっしゃる。勉強を始めるのに遅いということはないのだ、ともおっしゃっていた。確かに大学入試で燃え尽きて、入学後は勉強しないというのは常だ。逆に、入ってからやり始める方がずっとよいのだろう。

はたして附属校と進学校、どちらがいいのか？

8 スランプ　6年生・5月〜8月

なぜだかあの頃の息子は少しボーっとしていた。6年生になってまわりはずいぶんと本気モードになってきているのに、息子は逆にボーっとしていて集中力が切れている。それでも4月の定例はよかった。偏差値66で、2度目の成績優秀者表彰を受けた。順風満帆なはずなのになぜか胸騒ぎがする。

6年生になってから塾の担当の先生が替わっていた。文系担当のK先生はそのままだったが、理系担当のN先生が担任になって家との連絡係になっていた。N先生の話でも、授業中ふと気が抜けている時があるらしい。

モチベーションを上げるには学校見学。タイミングのいいことにちょうど武蔵の学園祭がある。あの学校を見れば、必ず息子も気に入るはずだ。家族全員で学園祭に出かけた。

すごい数の見学者がいて、とても盛り上がっていた。私服校なので誰が生徒かよく分からない。大学の学園祭のようだ。パンフレットに実行委員の顔写真が載っていて、茶髪の実行委員もちらほらと。さすがは武蔵。格好にとらわれない。校内の小川で妹と弟がボール遊びなどをしていて、武蔵野の公園に散歩に来たようだった。息子もきっと気に入ってくれているだろうと思っていた。

妹は「私、この学校に入りたい」と言っていた。残念ながら無理だな。女の子は……

息子の感想を聞くと「そうだな～?」と気乗りしない返事が返ってきた。

その後の志望校調査で、私がまた武蔵を記入しようとすると、息子は「受けてもいいけど、受かっても行かないよ」との言葉。

裏で妻は「やっぱり男子校は嫌みたい。また、男の子たちにいじめを受けるのが怖いんじゃない」と。結局息子にとって受験の第一目標は、いい学校に入ることではなくて、いじめのある学校に行かないこと、そして、いじめを受けないことなのだ。武蔵にいじめがあるとは思えないのだが……ちょっとでも可能性のあるものは排除しよう、という心が働いているのかもしれなかった。

もう男子校を勧めるのはやめようか?

結局、このモチベーション作戦は失敗だった。4科の偏差値が55。5年生の6月以来の最低の成績だ。算数は計算問題や基

礎問題ができていないし、国語は書き取りや知識問題ができていない。両方とも勉強時間をとればできるところだ。明らかにやる気や集中力の問題だ。
定例ではここから3回続けて偏差値55だった。

◆6年生5月　偏差値55

志望校　　合否判定

1、武蔵　　　　　0％
2、渋谷幕張　　　0％
3、東邦大東邦　　40％
4、市川　　　　　60％
5、芝浦工大柏　　60％
6、専大松戸　　　60％

この時返却された試験のコメント欄に、N先生はこんなことを書いてきた。

武蔵、渋幕は合格可能性0％だ。

「今こそ、自分がやるべきことがなんなのか考えてみること。他の人以上に頑張らなきゃ、偏差値60以上は取れないんだ。夏には期待します！」
やはりこれは明らかにやる気の問題だろう。今までなんとかごまかしてやってきたが、もうここからは努力でしかカバーできない。勉強するしかないんだ。
後で聞いた話だが、先生方は息子たちに居残りで特訓をしていたらしい。厳しくて何度か泣いたとも言っていた。この時期を境に、息子は今まででは考えられないほどの勉強を始めていた。
それと同時に、この頃N先生は息子に渋幕を強力にプッシュしていたようだ。もちろん、Cクラスで渋幕に受かるのは至難の業だ。それでも高い目標を置くことによって、次善の目標に届くようになる、という考えだったのだろう。そのことは後で分かる。息子も少しずつその洗脳にはまっていく。

夏休み中は、朝出かけていくと、本来は3時くらいには戻ってくるはずなのに、夜の7時くらいまで帰って来ないことが何度もあった。居残りで勉強をしていたのだ。戻ってきてからも復習に2時間ほど時間を割いていた。息子の6年生の夏休みは勉強漬けで、あっという間に終わってしまった。

9 受験追い込み 6年生・9月～11月

9月に入っていよいよ本格的な受験勉強が始まった。夏休みまでで中学入試の範囲は、いちおうひと通り終わっている。塾も週4日に単科の授業が加わり、週5日になった。息子はサッカーもやっているので週6日だ。しかも定例試験やサッカーの試合が入ると、日曜日もつぶれるので、休みなしだ。かわいそうな気もするが、「来年1月までの、あとたった5ヶ月だけなんだから頑張れ」と励ました。

単科講座の受験校別対策講座が開かれて、息子は「江戸取コース」を選んできた。
「なんで受けもしない江戸取なんだ？」と妻に尋ねると、
「松戸教室ではみんな江戸取らしいよ。それに江戸取の問題って、素直でいい問題らしいの。実際に受験しなくても、その問題演習やっていれば、他の学校の問題にも対応しやすくなるんだっ

て」と、言っているが、どうも気にくわない。

「渋幕コースに変えろよ」と言うと妻は、「渋幕コース、柏教室にしかないよ」との返事が返ってきた。そりゃまずい。偏差値55、渋幕合格率0％で、わざわざ柏の渋幕コースにねじ込むのもちょっと恥ずかしかったので、ここは引き下がった。ちなみに「芝柏コース」はなかった。

夏期講習の模試の結果が返ってきた。

◆6年生8月　偏差値58

志望校　　合否判定

1、武蔵　　　　　20％
2、渋谷幕張　　　20％
3、東邦大東邦　　60％
4、市川　　　　　80％
5、芝浦工大柏　　80％
6、専大松戸　　　80％

先生方のおかげか、やっとスランプから復調の兆しが見えてきた。算数56、国語63、理科54、社会56。2科61、4科58だ。

算数はケアレスミスがあるのだが、ある程度とっているので問題はないだろう。理科・社会はまだまだ勉強時間不足だがなんとかめどはついた。これで堂々と「渋幕コース」への変更をお願いできる。私は息子にN先生にその旨(むね)伝えるように言った。レベルが合わないとかで、止められるかなと思っていたが、逆に息子は先生に、「柏で頑張って来い」激励されてしまった。ここにきて、息子はN先生の洗脳もあって、「渋幕に受かってやるぞ」という気持ちが出てきたようだ。

過去問題演習

9月からは、いよいよ実際の入試問題を解く時期になってくる。そこからは私も少し面倒をみることにした。塾の復習部分は塾に任せて、仕事が休める土日に、志望校の過去問題対策に手を貸すことにした。

過去問題演習は中学受験学習の柱というべきものだ。中学受験での合格点は高くても70％程度、低いところだと40％台というところもある。それほど難しい。なので、志望校の過去問演習で常に70％を超えていれば、よっぽどのことがないかぎり、偏差値など関係なく受かる。正解率70％を目標にして演習を始めた。

123　9　受験追い込み　6年生・9月〜11月

過去問演習は本人がやって、採点後分からなかったところを、私が解答を見ながら解説した。

毎土日、時間にすれば2時間ほどだがこの作業につきあった。私の仕事の場合、いちおうは土日休みということにはなっているが、納品の締切日にあたった時や、どうしても月曜までに仕上げなくてはならないことなどがあると、出なくてはならないこともあった。100％つきあえるわけではなかったが、自分のできる最大の範囲で手伝った。

我が家の場合、妻が過去問をコピーして実際の入試問題のように、1回ごと1科目ずつの冊子を作った。解答用紙の部分もあるので、それもコピーして別に作っておいた。そのテストを、ちょうど本番の入試時間と同じ時間に同じ科目で受けさせた。過去問演習は、このようにべく本番のテストと同じようにやるのがミソだ。

息子の志望校は、すべて1年に2回の入試があるので、1年で2回×4科目＝8冊子になる。

これを土日に分けてやった。

私は息子がこのコピー冊子の過去問を解いている間に、手元に残っている過去問題集の原本で、市進の講師時代と同様に解説の予習をした。これがけっこう大変な作業だった。算数などはまだ解説を見てもよいのだが、算数などは解説を見ても難しくて、私でも出来ないような問題がたくさん出てくる。さすがに塾講師だった10年前の記憶をたぐり寄せるのにも限界があった。

「なんだ、お父さんも分からないんだ」と息子は思っていたようだ。

そんな時は、次の授業日に先生に再度質問するように指示した。はっきり言って難関中学の実際の算数の入試の問題を解くのは大人でも無理だ。解き方も大切なので、中学数学や高校数学で解けてもダメだ。そんな時はプライドを捨てて塾に頼るのが無難だ。質問は大歓迎だ。そんな要望にこたえるために、私が塾で教えていた時も、先生同士で難問の解き方はよく教え合っていた。実は、難関校の問題は現役の塾講師でも解けないほど難しいものもある。

私のかかわっている大学の先生で有名な数学者がいるが、その先生も大学、高校も含めて入試数学のなかでもっとも難しいのは中学入試の算数だと言っていた。

仕事の都合でつきあえない時には妻に頼んだが、5年生の時はどうにか教えられていたのに、入試問題では算数どころか理社も教えられず、結局息子は塾に質問に行っていた。

過去問題は渋谷教育学園幕張、芝浦工大柏、東邦大東邦、市川、専修大松戸の5校分そろえた。いずれの学校も2回入試があり、開校間もない専松、芝柏以外は5年分10回の過去問題があった。専松は8回分、芝柏は6回分あった。まず、一番簡単な専松の問題を1年分解かせてみた。65％程度の合格ラインで約50％程度の出来だった。私は初めにしてはまずまずだと思ったが、妻は不安になっていた。「専松で合格点とれないんじゃ、他のもっと難しい学校はどうなるの？」と聞いてくる。私は、「まだ9月だよ。そんなに早く合格点はとれないよ」と答えた。「じゃ、いつになったら合格点とれるようになるの？」と再質問され、私は、間違っている部分のそうとう

部分がケアレスミスだということが分かっていたので、「そうだな。10月初めくらいかな」と答えた。

過去問演習では、初めから合格点をとれる者はそういない。また、最初から合格点を取れているからといって合格できるとは限らない。確率的には高いが、確実でもない。あまり早い時期の過去問演習の結果を気にする必要はない。気にしなくてはいけないのはどこがとれていないかというところだ。算数の計算問題、漢字や理社で取れていないのはそれほど気にしなくてよい。最後の3ヶ月で記憶物と基礎系は伸びるからだ。その代わりに気をつけないといけないのは、算数の応用問題や国語の読解問題だ。これがまずいようだと志望校自体と合っていない可能性がある。その場合志望校の再考も視野に入れた方がいい。

入試問題とはその学校の顔である。学校側はその問題で欲しい生徒を見分ける。たとえば東京の御三家の中に開成と麻布という2つの学校があるが、この2つの学校の入試問題をみると、その特徴が如実に表れている。開成の問題はもちろん難しいのだが、解けないような問題ではない。なので合格最低点は高い。逆しかし、堅実に1問1問解いてゆかせるような作りになっている。開成の問題は実務処理型の特徴を、麻布の問題はひらめき型の特徴を持っている。特にその特徴は算数や国語の大問で示される。これが合っていないということは、学校自体の校風にも合っていないのかもしれない。面白い話がある。開成の卒業生は官僚が多いそうに、麻布の問題はよくよく考えないと答えられないような問題だが、1、2問ミスをしても大丈夫だ。合格点は低い。

だ。一方、麻布の卒業生には政治家が多い。

もちろん、問題が合っていないからと言って、この時期になっての志望校変更は厳しいかもしれない。その場合、志望校変更ではなく志望校の追加をしてみてはいかがだろう。同じようなレベルの学校でも、必ずその子供に合った問題を出題する学校がいくつかあるはずだ。そんな学校を探し、志望校に追加したらいいだろう。

専松の過去問題演習は初めの4、5回は不合格だったが、10月の初めには合格点がとれるようになっていた。妻も安心したようだ。今でも「あの時は本当に不安だった。だって専松に受からなかったらそのまま地元の公立でしょ。もう、どうなるかと思ったわよ」と言っている。

その後10月中旬から始めた芝柏、市川の過去問は最初から合格点をとれた。

9月の定例試験の結果が返ってきた。

◆6年生9月　偏差値60

志望校　　合否判定

1、武蔵　　　　40％
2、渋谷幕張　　40％
3、東邦大東邦　60％
4、市川　　　　80％
5、芝浦工大柏　80％
6、専大松戸　　80％

その時の先生のコメントはこうだった。
「決して満足してはならない。順位でいえば300番台に入れば渋幕も見えてくるのだ。残り4ヶ月、死に物狂いで頑張ってみろよ!!」
親は知らなかったが、先生のコメントに「渋幕」と出てくるのだから、本人もそう考えていたのだろう。
コメントに従うかのように、息子は残り4ヶ月を死に物狂いで頑張った。
10月中は千葉私立御三家の文化祭が催される。学校見学に出かけた。

渋谷幕張文化祭

ものすごい数の人出だった。武蔵や芝柏、茗溪などと雰囲気が似ている。服装はちょっとだらしなく、茶髪の子もちらほら。息子は校庭でやっていた模擬ゴルフをやって大満足だった。塾でも盛んに勧められていることもあって気に入った様子だ。妻も生徒のレポートや学校の様子を見て「やっぱり渋幕ね。さすがだわ」と言っている。本音では妻も渋幕が一番だと思っているのだが、さすがに息子の成績を見ると「渋幕ねらっています」とは大声で言いづらいらしい。「パパー、さっきあそこで田村校長見ちゃった」とミーハーぶりも発揮していた。その当時、渋幕の田村校長は日本私立中学高等学校連合会の会長だった。新進の中高一貫校だった渋幕を、わずか15年ほどで全国有数の進学校に育て上げた名校長だ。妻は元教師だっただけに、この中等教育会の有名人に会ってはしゃいでいた。

東邦大東邦文化祭

こちらもさすがは人気校だけあって、すごい人出だった。模擬店なども行列ができていて、なかなか順番がこない。が、壁に張ってあるレポートなどは、やはり中学生のものだとは思えない出来栄えのものもある。私はひと通り見てきて、今まで見てきた私立中学の雰囲気と違うと感じていた。しかも、どっかで見た学園祭の雰囲気だなあと。妻も同じことを感じていたようだ。結論を言えば、それは自分たちが通っていた学校の雰囲気と似ている、ということだった。つまり

私や妻が、かつて通った公立高校の文化祭と同じ雰囲気なのだ。妻は「この学校は古い公立の名門校と同じ匂いがするんだ」と言った。そういうことか。古い公立の名門校に通じるものがこの学校にはある。全体的にうまくまとまっている。よいことかもしれないが、私たちにはあまり魅力を感じさせないものだった。世の流れには目もくれず、なんの改革も対策もとってこなかった公立高校である私たちの母校は、凋落の道を歩み、現在は惨憺たる状況だ。

学校説明会に足を運んだ妻によると、この時代なのにいまだに先取り学習をしていない。つまり中高一貫の意味がない。中学1年生の通塾率がけっこう高い。つまり学校の学習面の面倒見が良くない。などプラスの要素が少ないらしい。妻は「やっぱり渋幕、芝柏ね」と言っていた。

【補足】

現在の東邦は先取り学習もあり、校舎の新設もあり、ずいぶんと改革が進んでいるらしい。表面的な進学実績では本格的な改革が始まった市川に抜かれたように見えるが、実は国立大学や理系、特に医学部の進学実績は素晴らしい。さすがの伝統校だ。あの時期私たちはどうも、なにか派手な特徴がある学校がよい学校、というように考えがちだった。そうでない学校でも、よくよく調べるといい学校がある。また、その子に合うか合わないかということが最も大切だ。知り合いのお子さんが東邦に通っていたが、その親御さんは盛んに学校を褒め

ていた。そのお子さんは現役で慶応大学に進んでいる。

市川文化祭

東邦文化祭の帰り道、いかにもおまけという感じだが市川の学園祭に寄る。私は下の息子の面倒を見るために校内には入らなかった。そのかわり建設中の新しい校舎の方を見に行った。見事な建物だったが、駅から遠い。2km以上あるだろう。バスが出るとはいえ、あれだけの生徒をピストン輸送するとなると待ち時間もそうとうになるのだろうか。結局歩くことになるのだろうか。30分以上はかかるだろう。ということは、通学時間は1時間10分か？ しかも雨の日を考えたらもっとだ。

実は私、25年前にこの市川高校を受けている。合格したが都立高校に進学したので行かなかった。友人たちが何人か通っていたので、当時よく行き来をしていた。お互いの文化祭や体育祭はよく顔を出した。高校のクラスメートたちも市川に知り合いがたくさんいて、市川は兄弟校のようだった。校風もよく似ていて、今でも親近感がある。

戻ってきた妻に感想を聞くと「どうだろう？」というしかない返事。あまり乗り気ではないようだ。

【補足】

共学化して新校舎に移転した市川は別の学校になってしまった。現在の偏差値は5ポイントほど上がって62程度。東京の御三家などの名門校の押さえと考えられてきたが、押さえだと思って受けたら落ちてしまったという話も珍しくなくなった。ほったらかしだった受験指導も面倒見が良くなり、私が好きだった男子校時代のバンカラな雰囲気も影を潜めて、お坊ちゃんお譲ちゃん学校のようだ。東邦と似てきているのかなと思う。バンカラな雰囲気は影をひそめたが、学習面に限らずいろいろな部分での面倒見もよくなり、改革の意気込みを感じる。別の意味だがお勧めの学校になった。現在では、週刊誌などのお勧めの学校ランキングで、常に上位に顔を出している。

10月の定例の志望校調査があった。武蔵をごり押しするのはもうやめた。本人もその気になってきているようなので、渋谷幕張が繰り上がって第一志望になった。

ところが、息子が第一志望は東邦大東邦だと言い始めた。理由、「塾の友達M君が第一志望で、いっしょに行きたいから」

これを聞いた時は、さすがにガクンという感じだった。

妻によると「本当に行きたいのは芝柏なのよ。まわりからいろいろ言われると、すぐにいい顔しようとして流されるの」ということらしい。まだまだふらふらしている息子だった。

◆ 6年生10月　偏差値61

志望校　　　　　合否判定

1、渋谷幕張　　　40％
2、芝浦工大柏　　80％
3、東邦大東邦　　60％
4、市川　　　　　80％
5、渋谷教育学園渋谷　60％
6、専大松戸　　　80％

11月に入り、本命になった渋谷幕張の過去問演習を開始した。やはり今までの学校とは比べものにならないほど難しい。入試問題すべてが難問だ。6割程度の合格点なのに息子は4割5分程度しかとれない。特に得意科目であるはずの算数が、4割少ししかとれていない。理科・社会も

同じような点数だ。国語は漢字はできていないが、読解は大丈夫なので合格点を超えている。算数と理社の補強をしないとまずいなと思った。

渋幕の算数の出題にはある特徴がある。必ず図形系統の問題が全5問中2問出題されるのだ。つまり図形だけで4割だ。図形を攻略できれば合格点をとれるとふんだ。追加教材として『全国中学入試問題正解』『応用自在』と有名校の過去問を用意した。過去問は電話帳と呼ばれていた『全国中学入試問題正解』を用意した。（いまこの問題集はないもしれない。似たようなものはある。）

まず渋幕の過去問を解かせる。できなかった部分を分かるまでやり直しさせる。分かったら、類題を『応用自在』で探して解かせ、解説を見せる。ここで分かればいいが、もし必要なら別の学校の過去問で類題を解かせ、解説を見せる。渋幕と同じレベルの問題を探していくと、どうしても超難関校のものになる。開成や麻布の問題が解けると息子もうれしがっていた。桜蔭の問題はよく考えてある良問だなと感心した。反対によい問題なのだが、武蔵の問題は癖がありすぎてやらせなかった。武蔵の問題は、現在の公立中高一貫校の問題にとても似ている。類題を探し与えたが、解説までを完璧にすることはできなかったので、塾の協力が必要だった。N先生はそんな時もよく面倒をみてくれた。

息子にとっても私にとっても根気のいる作業だったが、これが役に立った。理科・社会に関しては塾で配布している『新小問』の5、6年生用のすべての見直しをさせた。少しずつだが効果

が出てきて11月終わり頃には渋幕の過去問は5割以上解けるようになっていた。

●**教材選択**

中学受験用の教材はどのようなものがよいのか？ これはなかなか難しい質問だ。難易度によっても違うし、学校によっても違うので、決定版というものはない。参考になるかどうかは分からないが、私が使ってみたものを挙げてみた。

1、塾の教材

日々やっている教材をこなすのがまず第一だ。プリントやテキスト、テストなどを完全に吸収していれば、中堅程度の学校までだったら、まず問題はない。その際気をつけなくてはいけないのは、やり過ぎることだ。欲張って、授業でやってもいない部分や、宿題で出ていない部分までやらなくてもよい。指導する先生も入試の実態は分かっているので、不要な部分はカットして教えている。やり過ぎは時間もロスするし、集中力も奪い、よくないことばかりだ。

2、過去問

志望校の出題傾向を知ることはとても大切だ。極端な言い方をすれば、入試当日にその問題が解ければ合格する。偏差値が高かろうが低かろうが関係ない。どんな学校でも志望校の過去問演習で常に70％以上得点していれば、まず合格できるだろう。もちろん本番で極度に緊張をしたり、アクシデントがなければの話だが。

実は塾の教材と志望校の過去問研究してきている。そしてほとんどどんな問題にでも対応できるように3年間かけて鍛えている。過去問をやらせるのは学校によって微妙な違いがあるので、過去問演習でその学校の癖に慣れさせるためだ。

過去問は志望校のものだけでなく、レベルが同じかそれよりも少し高めの学校の分も数校用意した方がよい。類題が出されている可能性が高く、弱点補強に使える。

国語の過去問演習の注意点

現在国語の過去問が一部見られない状態になっている。入試問題にその著作を使われた作家が、過去問を出版している会社や塾を、著作権侵害で訴えたのだ。今は和解しているが、その文章部分は白く塗りつぶされている。文句を言っても始まらないので、見られる部分だけ解くことにしてほしい。訴えているのは現代の作家だ。昭和初期以前の文章は大丈夫だ。

通常文章題は2、3問なので空白の問題はあってもせいぜい1問だ。試験時間を空白の部分を削って、3分の2か半分にすれば、それほど支障をきたすことはないだろう。

3、補強教材

塾教材と過去問で十分だと言ったが、レベルの高めの学校だと弱点科目や弱点項目の補強に、類題が必要になることもある。そんな時に使う教材として、いくつかお勧めできるものがある。塾教材の弱点は項目が分散していることだ。4、5、6年と同じような項目があるので、プリントやテキストに載っている問題は、すべてが項目別に整理されているわけではない。過去問演習で弱点部分が見つかった時に、弱点補強のための、類題を塾の教材の中から探して見つけるのは大変だ。そんな時のために、項目別になっている教材があると便利だ。具体的に何点か教材を挙げるので参考にしていただきたい。もちろん、塾の教材と過去問が優先なので、それがこなせてからの話だ。

『応用自在』（学研）算数

中学入試、算数教材の名著。項目別に豊富な問題をそろえていて、これ1冊マスターすれば中学入試のほとんどの問題に対応できる。例題→解き方→類題→応用という形で何パターンも用意されているので、ほとんどの入試問題が、これのどれかに当てはまるほどだ。1冊

全部やると言うよりは、過去問で出来なかったものの類題をやる、という感じで使った方が良い。

『新小問』（教育開発出版）社会・理科
これは塾専用の教材だ。実は受験塾ではスタンダードなものだ。市販で手に入れるのはなかなかできないが、時どき取り次いでくれる書店がある。重点項目の整理に役立つ。この教材の中身だけ覚えているだけでも、そうとうな効果がある。

『最高水準問題集』（文英堂）社会・理科
あまり量は多くなく、頑張れば1週間程度で全部こなせる。最高水準とはいっても、レベルは標準より少し上程度だ。参考書、または塾のテキストとの併用で、何回かやり直すとよいだろう。

『メモリーチェック』（日能研）社会・理科
弱点チェックに使う。これで弱点部分を見極め、参考書などで再確認するとよいだろう。

『自由自在』（受験研究社）社会・理科

参考書と問題集が一体化した形なので1冊で整理ができる。これもひと通りやるのではなく、塾の教材で不足している部分も比較的詳しく載っている。これもひと通りやるのではなく、過去問や問題集でできなかったところの弱点対策に使った。

他に算数ではレベルが高い『力の五〇〇〇題』（教学研究社）、理社では『応用自在の理社』（学研）などもよいだろう。

国語に関しては漢字、語句、読解とも塾の教材と過去問だけで十分だ。

他にも何冊か用意していたが、結局使わなかった。新しいものを始めるより、今あるものを完全にマスターする方が断然効率が良い。

10 個人面談 6年生・10月

市進のN先生との個人面談があり、妻が行ってきた。受験日を考慮した最終的な志望校調査も兼ねている。こちらが提出した受験日別志望校は以下のとおりだ。入試日程も考慮しリストを作ってみた。

1月20日　市川（1回目）
1月21日　東邦大東邦（1回目）
1月22日　渋谷教育学園幕張（1回目）
1月23日　芝浦工大柏（2回目）
2月1日　渋谷教育学園渋谷（1回目）
2月2日　渋谷教育学園幕張（2回目）

いろいろとオプションも用意しておいた。もし、1月24日までにどこか受からなければ、1月26日に専大松戸2回目、2月3日に市川2回目などを考える。それでもだめだったら……とそうとう数の学校をピックアップしておいた。

帰ってきた妻に報告を聞く。以下のようなやりとりだったらしい。
「渋幕が第一志望ですね。彼の力からすれば、2回受ければ半分くらいの確率で受かります」
初めはこちらの予想していた言葉だったのだが、次にN先生からは意外な提案がされた。
「お母さんは東邦より芝柏の方がいいとお考えですね。1回目、2回目と2回受けるべきだと思います。実は私は、東邦は息子さんにしたらどうでしょう。1回目、2回目と2回受けるべきだと思います。実は私は、東邦は息子さんにしたらどうでしょう。1月21日も芝柏にしたらどうかと思っているんです。卒業生が遊びにくるんですが、そのノートを見ていると、やっていることの質がぜんぜん違うんです。しかも、現在の高校入試でも東邦は受かったけど、芝柏には落っこちる生徒がけっこういます」
妻は「でも、いちおう息子自身は東邦が第一志望だと言っているんで、受けさせないというのもどうかと思うんですが……」と。
「大丈夫です。2月3日の算数理科の2科入試があります」
「先生、息子は理科不得意なんですけど……」

「大丈夫ですよ。彼には実力があります。理科も大丈夫です。算数理科2科入試でも受かると思います」

と、先生は言ったようだ。妻は「そんな強気で大丈夫なの？」とちょっと心配になったが、N先生はこんなことも言っていた。

「2月1日なのですが、渋渋ですか。いいとは思いますが、別の学校はどうでしょうか？」

もともと妻は原宿の渋谷教育学園渋谷の、テニスコート2面分しかない、あの校庭の狭さには文句タラタラだった。できれば受けさせたくない、と思っていた時に渡りに舟だったようだ。

「たとえばどんな学校でしょうか？」

「そうですね。問題が特殊な学校だと今からだと難しいのですが、早稲田実業や成蹊なら今からでも対応できます」

先生は続けた。

「両方とも自由ないい学校です。数年前に卒業した生徒が成蹊に通っていますが、楽しい、楽しいと言ってますよ」

先生は我が家の方針をよく理解してくれていて、最善と思われる学校を適切に勧めてくれたようだ。

個人面談の内容はこのようなものだった。

142

早速、私たちは早実と成蹊の受験資料をめくってみた。簡単に言えば両校とも名門大学の附属校だ。特に早実は卒業生のほとんど100％が早稲田大学に進学できる難関校だ。偏差値は渋幕と同程度だが倍率が4倍以上。息子の偏差値からすれば合格率は20％以下だろう。

私は妻に「先生、本当に早実って言ったのか？」と確認した。

「ええ、言ったわよ」

「いくらなんでも難しいよ。あそこは。それに遠いし」

早実の所在地は東京西部の国分寺市。ここからは2時間弱かかるだろう。とはいえ、あんまり深く考えずに続けた。

「ま、いいか。とりあえず、この資料を見ると来週早実の学校説明会があるらしいから、行ってきてよ」

「ええー！ そんな遠いところ行くのー？」

妻は不満顔だったが、翌週しぶしぶ説明会に出かけて行った。

帰ってきた妻は、「近ければねー。すごくいいんだけどね」と。

私は実際に通うことになった時の正確な通学時間を調べてみた。

「8時30分が始業時間。で、家を出る時間は？ あれ、7時に出ればいいのか。芝柏と変わらないぞ。市川よりゆっくりでいいんだ」

距離的なイメージだけで遠いと考えていたが、時間的には千葉の学校とさほど変わらなかった。

143　10 個人面談　6年生・10月

千葉や茨城、埼玉、神奈川や東京西部の学校は校地が広くていいのだが、広い校地を確保するために一般的に駅から離れている。そのために電車に乗っている時間は短くても、実際に学校にたどり着くには、そこから長距離歩くかバスに乗らなくてはならない。なので、実際の通学時間は、思ったよりかかることになる。

その点早実は東京西部にあるのだが、例外的に駅から近く、歩いて5分ほどだ。実際の時間だけで考えれば、市川などよりも近いのかもしれない。ただし満員電車に乗って都内を横断していくことを考えると、やはり12歳の子供にはそうとうな負担になるだろう。

通学のことはさておき、受からなくてはどうしようもない。入試問題はどうなのか？　実際に息子に算数の問題を解かせてみた。ちょうど無料で配布されていた、数年前の難関校入試問題集が手元にあったのでよかった。

驚いたことに息子は70点以上とった。渋幕の問題をヒーヒー言いながら解いているのにだ。早実の算数は難しいという評判だ。確かにそれは難しかったが、なぜか息子には解けた。ということは、つまり「早実の問題は息子に向いているんだ」とも思ったし、「渋幕合格より早実合格の方が息子には楽なのかもしれない」とも考えた。息子にひとつ確認しておいた。

「お前は医者や薬剤師になるつもりはあるのか？」

息子は「そんなのやりたくない」と答える。もし、早実に行くとなると大学は早稲田だ。医学部、薬学部はない。

とりあえず志望校のひとつには加えておいたが、実際にはそれ以上のことは考えなかった。やはり遠いのと男女共学化から1年しか経っていないので、そうとう難しくなる可能性があることなどで、いつしか私の頭の中からから消えていった。

11 受験校決定　6年生・12月

千葉県の学校は12月後半になると願書の受付が始まる。受験校を決めるにもそうゆっくりはしていられない。

改めてピックアップしてみると、このようになった。

受験日	受験校	合格発表日	手続日
1月20日	市川（1回目）	1月22日	1月24日
1月21日	芝浦工大柏（1回目）	1月22日	1月25日
1月22日	渋谷幕張（1回目）	1月24日	1月25日
1月23日	芝浦工大柏（2回目）	1月24日	1月29日

ここには受験日だけでなく発表日、手続日も記しておいた。実は手続日も受験校選びには重要な要素であることが後で分かってくる。第一志望は渋幕だ。第二志望は芝柏。芝柏は1回目、2回目とも受ける。東邦はN先生のいうとおり2科受験でいいだろう。市川は押さえということだが難易度的には芝柏より上だ。ある意味で滑り止めのない強気受験ともいえる。

もし、順調にいけば1月22日の渋幕までの3回の受験だけで終わりだ。そんなふうに簡単にいけばいいのだが……
あらゆる場合を想定してみた。

まず、全部落ちてしまった時

　受験日　　受験校
　1月26日　　専大松戸（2回目）
　2月1日　　渋渋（1回目）
　2月2日　　東邦大東邦（2回目）
　2月3日　　専大松戸（3回目）

2月4日　市川（3回目）

市川だけ受かった時
市川の手続き。そして渋幕の2回目の願書提出。ここでひとつ問題が起こる。市川は延納という制度がないということ。つまり入学金の15万円は払わなければならない。もったいないとは思うがしかたがない。

芝柏だけ、または芝柏と市川が合格、渋幕不合格の時
芝柏の入学手続きをして、5万円払って延納手続き。そして渋幕の2回目の願書提出。
2月1日の受験校に関しては、どの学校もしっくりこなかったので決めかねていた。受けさせなくてもいいかなと思っていたのだが、このパターンで動こうとしていた時に塾のN先生からいつものように電話があった。この時は偶然私が出た。
「このごろ彼は乗っていますよ。算数でうまくいけば、渋幕もいってしまうかもしれません」
「そうなんですよ。けっこう渋幕の問題も解けるようになってきました。渋幕以外の難関校の過去問もやらせたりしているんですが、これも解けてるんです。先生がおっしゃっていた早実の算数も7割以上解けていましたので」

「本当ですか。それは素晴らしい。実は、そのことでもお話したかったんですが、2月1日の受験は考えておられないんですか？　早実はどうでしょうか？」

「私も1月に市川、芝柏に受かって渋幕に落ちた場合、2月2日の2回目試験まで、今の息子のモチベーションを保てるかが心配なんです。行く行かないは別にして、2月1日に難しい学校をひとつ受けておくのはいいかもしれないと思ってるんです」

「私も賛成です。早実とてもいい学校ですよ」

「もうひとつお聞きしたいのですが、1月中全部落ちてしまった時、2月1日に受ける学校ってどんなところがありますか？　渋渋以外でありますか？」

「共学校志望なんですよね。であれば成蹊はどうでしょうか？」

「成蹊ですか……」

先日の面談後、妻から聞いてはいたが、頭の中からは外れていた名前だ。

「うちの教室からも行った子がいまして、楽しい楽しい、と言っていますよ」

翌日、妻は成蹊中学に出かけていった。願書を手に入れるのと、学校の雰囲気を見るためだ。

妻は帰ってくるなり「すごく、いい学校だよ」と、気に入った様子。

「学校も大きいし、緑も多いし、自由な雰囲気だし」

大学附属で推薦制度もあるが、他大学への進学実績も申し分ない。

「知らない学校でもいい学校ってあるもんなんだね」と妻。

そう、行ってみなくては分からないことが多い。百聞は一見にしかず。中学受験では、とにかく実際にその学校に行ってみることが大切だ。学園祭などの行事がなくとも、学校見学はほとんどの学校が歓迎してくれる。普段の学校を見られる、という意味でもいいかもしれない。思いもしなかった良さが見つかる可能性もある。

合格、不合格別に場合分けした最終受験校はこのようになった。

受験日	受験校	合格発表日	手続日
1月20日	市川（1回目）	1月22日	1月24日
1月21日	芝浦工大柏（1回目）	1月22日	1月25日
1月22日	渋谷幕張（1回目）	1月24日	1月25日
1月23日	芝浦工大柏（2回目）	1月24日	1月29日

渋幕が受かれば受験終了。

芝柏または市川が受かり、渋幕が落ちたら、

2月1日　早実

2月2日　渋谷幕張（2回目）

全部落ちたら、

1月26日　専大松戸（2回目）
2月1日　成蹊
2月2日　東邦大東邦（2回目）
2月3日　専大松戸（3回目）
2月4日　市川（3回目）

真面目に第一志望で頑張っている受験生には申し訳ないことなのだが、早実または成蹊の過去問題研究は、1月24日の渋幕発表後から2月1日の試験日までの1週間でやることにした。両校とも癖のある問題ではないので1日1年分で、5年分をやればよいこととした。

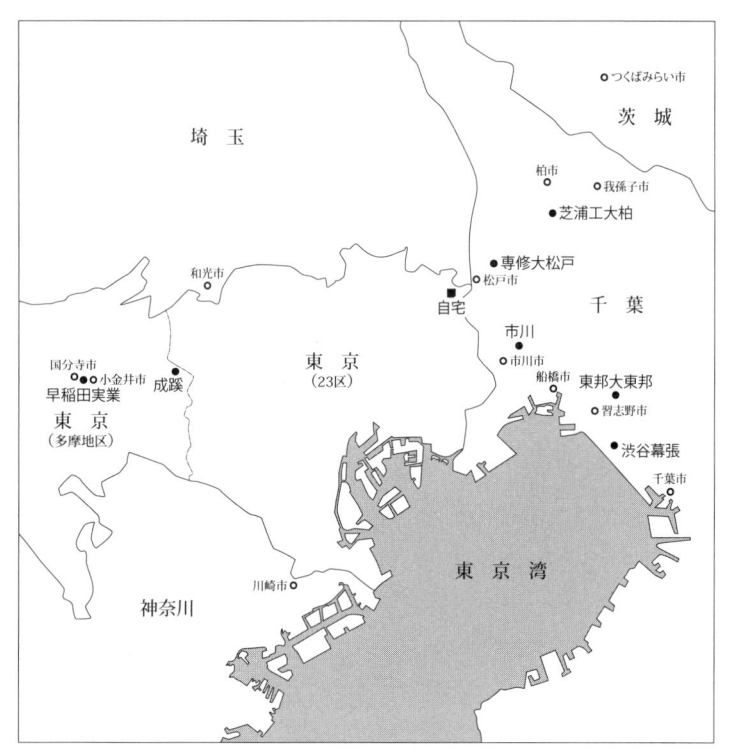

6年生・12月　最終受験校所在地

その後、出願のための準備を始めた。

現在の中学入試では、高校入試の内申書にあたる調査書というものは、ほとんど必要ない。調査書の代わりに通知書のコピーで代用できたり、または、まるっきり不要というところも多い。息子の受験する学校でもほとんどそうだったのだが、早実だけが調査書が必要だった。

妻は早実出願用の調査書を学校に依頼した。受けとる時に、少し担任の先生と話す機会があった。やっぱり気になっていたのはいじめのことだ。

担任の先生は言い始めた。

「いじめはもうないと思います。実はあの時、確かに手を出した子たちは悪かったのですが、息子さんも相手の子たちに逃げ道がないように、追い詰めるように注意してしまったんです」

「あの子にはちょっとそういうところがあります」

妻も答えた。

「今は相手の立場を考えて、言葉を出せるようになりました。もう大丈夫だと思います。息子が少し大人になったということか。知らない間にいじめはなくなっていたようだ。

12 入試直前　6年生・12月〜1月

受験校は決定したが、私と息子の頭の中には、もう「渋幕」のことしかなかった。やり始めた頃と比べると、ずいぶんとよくはなってきているが、12月に入った今でも、まだ渋幕の過去問だけは合格点がとれない。分析してみるとこういうことだ。

算数は2回に1回は合格点をとれる。『応用自在』と難関校の過去問演習が効いているらしい。国語は、読解はOKだが漢字が全然できない。それでもほとんどは合格点だ。理科・社会が足をひっぱっている。渋幕は国算が各100点、理社が各75点満点だが、理社は合格点にそれぞれ10点ほど足りない。

対策としてこう考えた。算数はこのままでいい。運を天に任せよう。国語もこのままでいい。漢字はもういい。捨てさせよう。今から1ヶ月じゃ、やり直しは間に合わない。たぶん大丈夫だろう。少しはできるから捨てても15点減だ。その分理科・社会に力を入れよう。漢字15点取るの

は大変だが、理社で15点ならなんとかなる。資料を見て、そこから導き出せる結果を問う問題などもある。渋幕の理社は単純に知識量を問う問題ではない。資料を見て、そこから導き出せる結果を問う問題などもある。勉強量で負けている息子でも、やり方次第ではなんとかできる問題だった。基礎さえ固めてしまえば、後は息子の国語力でなんとかなるのでは、と考えた。

息子には「お前、もう漢字は捨てろ。国語は85点満点だと思え」と、今考えれば無茶苦茶なことを言った。そして、「その分これをやれ」と社会と理科の問題集を渡した。問題集の名前は『最高水準問題集』。最高水準とは書いてはあるが、実はそれほど難しくない。上の下程度のレベルだ。あまり量も多くなく、出題範囲をひと通り舐めるのにはちょうどいい。最高水準問題集という名前もいい。本当はそんなに難しくないのだが、なんとなくこれをやればどんな問題でも解けると思ってしまう。

「まずこれを1週間で全部やれ」というと、息子は「こんなにたくさん。1週間じゃ無理だよ」と答える。「大丈夫。お前のスピードだったら、楽勝だよ」とおだてた。

息子は、その時はしぶしぶという感じだったが、きちんと1週間でかたづけた。ただし、1日のノルマが終わっていないと、夜の1時、2時までやらされたことがある。今となってはいい思い出だ。息子も大変だったが、12月の忙しい時期にそれにつき合っていた私も、けっこう大変だった。息子の面倒をみた後に、真夜中の事務所に戻るようなこともしばしばだった。

ひと通り終わって、中身を覚えているかを確かめると、けっこう覚えている。1月中旬までに、結局3回やり直しをさせた。これも効果があった。今までは底がなく宙ぶらりんのような基礎力不足の理科・社会に、ちゃんと土台ができたようになった。これで不得意だった理科・社会が安定した。

冬休み中も猛勉強は続いた。私の仕事は年末1週間に特に忙しくなる。この年も、年内に納品してしまわなくてはならないものが山積みだった。すべて30日までに終わらせなくてはならなかった。息子の勉強につきあうため、朝はいつもより1時間ほど早めに家を出て、息子との約束の時間の夜9時までには、なんとか家にたどり着くようにした。時々外で飲んでいたが、それもやめた。この年は忘年会もひとつだけ出席して後は断った。息子は朝から夕方までは塾。帰宅して塾の復習を2時間ほどやって、その後9時からは私と入試問題研究を2時間ほどやる。これを毎日夜11時頃まで続けた。さすがに、29日、30日はつきあえなかったが、息子はたんたんと課題をこなしていたようだ。

塾は31日から3日まで休みだったが、息子は元日だけ休んでそれ以外は勉強漬けだった。1日13時間はやっていただろう。テレビで見た、正月も鉢巻をして頑張っている小学生が、現実に自分の目の前にいるようで不思議な気持ちだった。もちろん鉢巻はしてはいなかったのだが……

正月が明けてもずっとそのような状態が続いた。息子も私もふたりとも体力的にも精神的にも限界寸前だったが、1月も半ばを過ぎた頃には、どうにか間に合ったかな、という感じがしていた。

13 受験本番 6年生・1月19日〜2月3日

1月19日 受験前日

いよいよ明日は受験1日目だ。市川だ。

その年の市川は男女共学化されて受験者は大幅増、難易度上昇は必至な状況だった。しかし私は、息子にとっては最も受かりやすい学校だ、とふんでいた。算数の問題は難しい。平均点が40点台だ。が、算数は息子の得意科目だ。最低でも60点はとれるだろう。逆にこれで差がつけられる。冬の特訓で得意科目になろうとしていた理科・社会の配点が高い。算数・国語と同じ100点だ。過去問題もだいたい合格点の30〜40点ほど高めにとれていた。体調不良になったり、初めての入試で緊張でもしなければ、おそらくOKだろう。息子にも落ちる要素はなにもないなどと暗示をかけた。

息子は夜の9時頃には床（とこ）についた。10時頃に部屋の様子を見ると、もう寝ているようだった。

1月20日　市川受験

朝、起きると、息子、妻ともすでに起きていた。息子に眠れたかと聞くと、大丈夫だと言う。あまり緊張感を感じない。普段通りのようだ。6時過ぎ、外は寒くてまだうす暗いなか妻に付き添われて出て行った。「頑張れ」と私は見送った。

市川の受験は妻によると、これぞ中学受験といった光景だったようだ。その年の市川といえば、受験者数日本一の3000人を越すマンモス受験＋男女共学化で、中学受験界一の話題校だった。恒例の塾の先生の握手のお見送りがあり、マスコミのカメラもそうそう出ていたようだ。

しかし息子は、激励に来てくれていた塾のN先生に、「おまえ、もうちょっと緊張しろ」などと言われてしまうほど、普段通りだったらしい。私が市進の講師だった時、もっとも嫌だった仕事が、この受験日の励ましだったが、立場が変われば本当にありがたいことだと思ってしまう。不思議なものだ。妻は試験の始まるのを確認して帰ってきた。

午後、試験が終わり返ってきた息子に出来栄えを聞いた。
「まあまあ。算数はけっこう難しかったけど、70点はとれてると思う。帰りの電車の別の子たちが『算数ぜんぜんできなかった』って話してたよ」
息子の「まあまあ」が聞ければ大丈夫か。

「それにね。たぶん、理科は100点」
とことん楽天的なやつだな。と妻も私も笑った。
明日は芝浦工大柏、息子の心の第一志望校だ。うまくいってくれるといいが……

1月21日　芝浦工大柏受験

息子は昨日と同じように6時過ぎに妻につき添われて出て行った。

妻によると、昨日の市川とは違い、ずいぶんと地味な受験だったらしい。柏駅に近い予備校だったこと、人数が数百人、しかも塾の同じクラスの生徒が10名近くもいた。同じ教室にも何人かいる。なにか模擬試験のようだったと息子しかも、ついでにこんなことも言っていた。

「これが入試？　すごく簡単だったから拍子抜けしちゃった」

私は心の中で「おいおい、またかよ。そこがお前の弱点だってこと忘れたのかい？」と言った。問題が簡単で息子ができているのだったら、ほかの子もできているだろう。しかもほかの子たちはケアレスミスが少ない。一方ケアレスミス大王の息子は……芝柏の入試の合格最低点は4科目平均で80％近いこともある。いくらできたとは聞いていても、ライバルたちもできている可能性が高い。元々私は息子にとっては市川より芝柏の方が難しいと考えていた。ほんのちょっと不安が頭をもたげた。

明日は大本命の渋幕。ここ数ヶ月間、いや5年生の初めから2年もの間ずっとやってきたことの集大成の日なのだ。

親はそんな気持ちで息子を見ているのだが、本人はいたって普通で、テレビを見ている。私も渋幕のことだけ考えているわけにもいかない。明日は市川と芝柏の発表でもある。

1月22日　渋谷幕張受験、市川・芝浦工大柏発表

朝起きると息子の様子がおかしい。顔色が悪い。妻に尋ねると、おなかが痛いらしい。

「僕、朝ご飯いらない」

妻に「行けるのか？」と聞く。熱はないらしいが、気分が悪く食欲がない。こんなことってあるのか？　2年も頑張ってきたのにこんなことって？　今日発表の市川と芝柏も落ちていたら……　大本命の渋幕の入試の日にこんなことが起こるなんて。どんどん悪いことを考える。

とにかく試験には行かせることにはした。ただ、もし体調がよくならないのだったら保健室受験、最悪の時は棄権も考えるよう妻には話した。その後、息子を送り届けた妻と携帯で話した。渋幕の校門の前ではいつもの激励の先生方が立っていたけど、うちの教室の先生がひとりもいないの」

本当に泣きそうな声だった。

161　13 受験本番　6年生・1月19日〜2月3日

「顔色が悪い息子ひとりを、私ひとりで送り出すのがつらかった。『苦しかったら、ちゃんと保健室に連れて行ってもらうのよ』と言ったわ。結局途中でも食べ物は一切口にしなかったの」
「しょうがない。そういうこともあるんだ」
　私は自分自身に言い聞かせるように答えた。途中で棄権した時のことなどを話して、電話を切った。切った後に、あれだけ頑張ってきたのに、と心に悔しさが溢れ出てきた。でも、そればかり考えてもいられなかった。
　今日は忙しい。11時に市川の発表。1時に芝柏の発表。2校とも校内発表とインターネット発表がある。最近の入試の合格発表には必ずこの2つの方法が使われる。
　校内での掲示、あのおなじみの方法とは別に、この数年前から取り入れられてきたのがインターネット発表だ。もちろん、合格した場合は入学手続きの書類を取りに行かなくてはならないので、学校に行くことにはなるが、不合格の場合、インターネットの掲示を見るだけで、学校に行く必要はない。合理的な方法だ。しかも中学受験での不合格は、子も親もそのショックがとても大きい。できれば、あの場所からは一刻も早く逃げ出したいのだ。そういう意味でもインターネットでの発表は画期的だ。
　私は午後に撮影の仕事があるために芝柏のインターネット発表は見られないが、市川はぎりぎりで見られそうだった。10時過ぎに事務所に入ったが、まったく仕事に身が入らない。こんなに緊張するとは思わなかった。自分の入試の発表の時とは

比べものにならない。結局10時半くらいからは、ずっと市川のホームページとにらめっこをしていた。

ところがである。12時半開始なので、11時になってもいっこうに合格発表のページが出ない。午後の仕事は品川で12時半開始なので、11時20分には事務所を出ないと間に合わない。11時はとっくに過ぎているのに、いっこうに発表されない。妻は渋幕から帰ってきていて、同じページを家で見ている。同じくらいらしているようで、数分ごとに携帯に連絡をしてくる。私の方は時間切れだった。事務所を出るくらいしては。そう思って靴を履いている時に携帯が鳴った。心臓が早鐘のように鳴った。

「市川合格しました」

妻は冷静さを保とうとしてはいるが、声が上ずっている。

「やったね。ご苦労さま」

私も冷静さを装おうとはしているが、自然と声が大きくなる。

こんなにうれしいことって、ここ何年もなかったことだ。初めは中学受験なんてばかばかしい、と思っていたのに……

電車に乗り品川に到着する直前、またもや携帯がなった。時間的に芝柏の発表だなと直感した。が、先ほどのようにどきどきはしない。仮に落ちていても、もう行くところはある余裕なのか。電話は留守電に入れられたメッセージだった。妻の留守電の声は「芝浦工大柏にも合格しま

した」と。こちらも先ほどに比べるとずいぶん冷静だ。中学入試の発表で一番緊張するのが一校目の発表時だ。心の重さとして行く学校があるのとないのではぜんぜん違う。

2月1日は、市川と芝柏に合格したので早実を受験することになる。もちろん渋幕に合格してしまえばそれはなしなのだが……。早実の願書は郵送のみの受付だ。しかも受付期間は明日までだ。早速、妻は郵便局へ行って発送した。

仕事が終わり家へ戻ると、妻はうれしそうにあるものを差し出した。市川と芝柏の合格証だった。

「ほんとに、市川のも取りに行ったんだ。でも市川に入ることはもうないんだろう」

「いいじゃない。欲しかったんだから」

妻は前の日に、もし両方受かっていたら、芝柏の合格証を取ってくる話をしていた。その時は市川のも取ってくると言っていた。私は「そんなのあっても使わないのだから、わざわざ取りに行く必要ないよ」と言ってあった。それでも取って来たのだ。

妻はうれしそうに2枚とも居間に飾った。

帰ってきた息子に合格の祝いを言った。はしゃぐような感じではないが、顔はほころんでいる。やはりそうとうれしいのだろう。モチベーションが落ち切っている顔だった。それもそうだろ

う。2校合格が決まって、息子の本来の目的、「近所の公立中学に行かない」という目標が達成されたのだから……

体調と渋幕の試験の様子も聞いた。体調は大丈夫なようだ。腹痛の原因はタダの腹筋運動のやりすぎらしい。前の日の夜に眠れないので腹筋をやったのだ。「はあ？」という感じだが、やはり入試が続いたここ数日間は、息子にとってもそうとうなストレスになっていたのだろう。試験についても強気な息子にしてはしおらしかった。「算数は難しかった。社会は何か所か失敗した」と自信なさそうだ。

とりあえず、明後日24日の渋幕の発表まではゆっくり休ませよう。

息子と2つ違いの娘が「パパ、おめでとう」と言っている。

「ありがとう」と答えた。

息子の合格をねぎらってくれているのかと思ったら、「41歳だよね」と返ってきた。そういえば今日は私の41回目の誕生日だ。

忘れていた。

妻が「よかったわね。息子に大きなプレゼントもらって」と、続けた。

実はこの日は私たち夫婦の結婚記念日でもあった。妻も忘れていたようだ。

ふたりにとって本当にうれしいプレゼントだった。

165　13　受験本番　6年生・1月19日〜2月3日

1月24日　渋幕合格発表

渋幕の合格発表日だ。たまたまひまだった私が、インターネットでの合格発表を見ることになっていた。息子には、「もし、合格していたら小学校の校門の前に11時頃に立っているから、教室からのぞけ」と言ってあった。

残念ながら息子の名前はなかった。予想していたこととはいえ寂しい。学校から帰ってきた息子は「別に気にしていない」と、からっとした顔をしていた。私はわざと大きい声で、「じゃ、また今日から1週間延長戦だな」と言った。息子は意外なことに、素直に「分かった」と答えた。

早速予定表を作成する。基本的には早実の過去問を中心にやる。早実の問題は渋幕の問題と似ているので早実対策がそのまま渋幕対策にもなる。他に時間があれば、『最高水準問題集』理科・社会のやり直しと『応用自在』の図形問題の演習をやる。

この1週間も息子はよく頑張った。学校と塾に行っている時間以外のすべての時間は受験勉強に費やした。だいたい夜11時に寝るまでの間、塾のない日は1日5時間以上、塾のある日は1日3時間ほどみっちり家で勉強した。私も年末からの状態を継続した。5年分の過去問のうち4年分で合格点を取った。残りの1年分もあと5、6点もあれば合格点だった。ただし、本番と練習では違うし、私が予想したとおり、息子は早実の問題はよく解けた。

ましてや前年からは共学化によって大幅に難しくなっている。いくら過去問ができているとはいえ、そこは難関校、合格の可能性は2割程度だろうと考えていた。
意外に早実の問題がよく解けているので、息子はまた少し勘違いしていたようだ。
「渋幕はやっぱり難しいけど、早実は受かるよ。俺」
ま、今は勘違いさせておいたほうがいいだろう。それにしてもいつから「僕」から「俺」になったのだ？

少し話は戻るが、妻は早実受験には反対だった。受かっても遠くて通えるか分からない。もう芝柏に受かっているのだし、あとは2月2日の渋幕に集中して勉強した方がいい。2月1日に受験して、またこの前のように体調を崩したら目も当てられない。
私は、早実に行く行かないは別にして、息子の性格からして2月2日の渋幕だけだと、もう芝柏でもいいかと気がゆるみ、渋幕もうまくいかなくなる、と主張した。塾のN先生からも同様の説得があり、妻はしぶしぶ了承した。私は妻には黙っていたが、本当は「渋幕より早実の方がいい」と思っていた。

数日後、早実の受験票が送られてきた。700番台だった。インターネットで調べると最後の方に近い番号だった。それはそうだ。願書は締切日ぎりぎりで着いているはずだ。応募者は75

0人以上で定員は150人。倍率は5倍以上。実質倍率でも4・5倍以上にはなるだろう。去年よりも倍率はずいぶんと高い。渋幕が2倍程度なので、比較してもやはりそうとう厳しい。

2月1日　早実受験

早実の受験日だ。さすがに長距離なので早めの出発だった。息子も妻も落ち着いた様子だった。私もついていきたい気持ちだったが、その日は午前中に仕上げなくてはならない仕事があった。

仕事に集中しなくてはいけないのに、「あと10分で開始だな」「今は国語の時間で、次は算数か？」「理科はあと10分で終わりだ」などと細かなテスト中の様子を想像してしまう。そして息子が過去問を解いている様子が頭に浮かんだ。

途中、妻からの電話で試験場に入る時の様子を聞いた。さすがは有名校。塾の先生方の数が今までの学校とは違った。広い校門前の広場がいっぱいになっていた。市進の先生方もたくさんいたが、さすがに遠いのでうちの教室の先生方はいなかった。だから、妻が前の渋幕と同じように握手をしてやって送り出した。この前とは違い、今度は元気に入って行ったらしい。

午前中に仕事が仕上がったので、家で息子の帰りを待った。

帰ってきた息子に出来を聞くと「バッチリ」と、指を丸めた。私は「本当かよ?」とも思ったが、息子が「出来た」と言って悪かったためしがないことも心に浮かんだ。いつものとおりの息子だった。

いよいよ我が家の中学受験もほんとにほんとに明日で最後だ。

2月2日　渋谷幕張受験2回目、早実発表

息子の体調は、本人によればいつもは「カンペキ」らしい。さすがに入試も5回目ともなると貫禄さえ感じる。妻も落ち着いてきぱきと動いている。

落ちるにしても、体調よく全力を出し切って落ちるのなら、納得ができるというものだ。息子も私も妻もある種の充実感をいだいていた。家から送り出す時、息子に「これでほんとうに最後なのだから、とにかく悔いの残らないように全力でやれ」というようなことを言った。

これからは妻の話だが、次のような様子だったらしい。

今回は前回とは違って塾のN先生もいらしていた。土曜日なのでいっしょに連れていった2つ違いの娘も軽口を叩（たた）いている。息子もリラックスして会場に入っていった。それなら、結果はどうあれ、全力で悔いのない戦いができただろう。私は満足していた。

帰ってきた妻は、国分寺の早実まで合格発表を見に行かなくてはならなかった。早実にもイン

169　　13 受験本番　6年生・1月19日〜2月3日

ターネット発表があるが、その日のうちに合格証を受け取らなくては合格が取り消しになる。午後1時に発表だが、3時までに合格証を受け取りに行かなくては間に合わない。我が家からだとインターネットの発表を見てから行ったのでは間に合わない可能性がある。

妻は乗り気ではなかった。

「パパ、行って来てよ。わざわざ、国分寺まで不合格の発表見に行くの嫌だな」

「大丈夫だよ。だって出来たんだろ」と私は軽口を叩いた。

正直、その時はもう受かっても落ちてもどっちでもいい、というような気持ちだった。自分の受験でもないのに、スポーツでベストを尽くした後のようなさわやかさ。確かに息子も頑張ったが、私も妻も頑張った。

妻は資料集めのために何十校という学校の学校見学と説明会に出かけていった。受験計画作成のために何枚もの紙に数十校のデータを書き出していた。まるっきり分からなかった首都圏の学校も、すべてそらんじて言えるほど研究をしていた。

私も仕事がちょうど忙しくなる9月から1月なのに、なるべくひまな時間は息子の勉強につき合うことにしていた。好きなお酒も我慢していた。そして最後のひと月は寝る時間も削って、仕事時間以外はほとんどつきっきりで面倒を見た。

また娘や下の息子には、なにかというと「お兄ちゃんが受験だから……」と我慢させていた。

結局中学受験というのは、本人だけではなく家族全員での受験になってしまうのだ。

170

妻はいったん自宅へ帰ってきてから、再び国分寺に出かけていった。

息子は最後の渋幕の受験から帰ってきて、一言。

「早実の結果どうだった？」

「まだ、発表されていないよ。1時だろ」

「あ、そうか」

「渋幕どうだった？」

「よく、分かんない」

もうどこかふたりとも他人事のような感じだった。息子は受験終了の開放感からか、すぐに遊びに出かけてしまった。

私は土曜日だったので、自宅の居間で下の息子の面倒を見ながら留守番をしていた。インターネットで合否確認ができるのにもかかわらず、確認すらしていなかった。まあ、受からないだろうな、と考えていると携帯が鳴った。妻だ。

「パパー！」

なんという声だ。携帯が壊れちゃうよ。

「あった。あったのよ」
私は聞き返した。
「えー、あったって合格ということか？」
「そう、あったの。合格」
「合格？　そんなことあるのか？」
妻に言い返した。
「そんなことあるか。絶対、見間違いだぞ」
冷静に考えれば、2割くらいの確率で合格するはずで、合格自体おかしなことではない。が、本当に合格するなどとは思ってもいなかった。1週間だけの対策で、息子の偏差値よりずっと上、この倍率、しかも超有名校。ありえない。
「もう1度、見直して来いよ」妻に大声で言った。妻も答えた。
「そうよね。おかしいわよね。こんなこと。分かった。見直してくる」
「ちゃんと番号確認しろよ。ひと桁間違えてるんじゃないか」と言って、一度携帯を切った。
しばらくたっても、妻がかけ直してこないので、「やっぱり間違いだったんだな」と思いこちらからかけ直した。
「やっぱり、なかっただろう」
妻は冷静に答えた。

172

「ううん。やっぱりあったのよ」
「だから、ちゃんと合格証もらって言っただろう。もう1度きちんと見てきてくれよ」
「だって、もう合格証もらったもん」
「ほんとの、本当なのか?」
「本当だってば」
私の疑い深さには妻もちょっとあきれていた。
遠距離通学を心配して早実受験に反対だった父も、「ええー?」という声。
「へー、すごい。そんなこともあるんだ」と。
同居している母に言っても、

妻は戻って来てその時の様子をやや興奮気味に話した。
「国分寺の駅を降りたら、まだ1時間前なのに学校の方からたくさんの人が歩いてくるの。あ、これは時間前だけど、もう合格者の掲示が始まってるんだと思ったの。それで、歩いてくる人の中に何人も泣いてる子がいて。しかも女の子だけじゃなくて男の子まで泣いてるもんだから。もう、どうしようと思っちゃった。やだな。やだな。と思いながら掲示板のところに行って。そうしたらやっぱりなくて。でも、ちょっと考え直してみたの。実は受験番号を勘違いしていて、で、も

173　13 受験本番　6年生・1月19日〜2月3日

う1度見直したらあったのよ」
続けて、「なんかあの泣いていた子たちに申し訳なくって。1週間しかやってないのに……」
中学受験とはそういうものなのだ。いかに努力したかはもちろん大切だが、試験問題も含めてその学校に合っているか合っていないか、ということがそれ以上に大切になる。学校は自分たちの欲しい生徒を取れるように、いろいろと工夫している。試験問題がその最たるものだ。こういう問題が解ける生徒に入って欲しい、と考えているのだ。たまたま息子がその欲しい生徒だったということだろう。

発表が1時にあると分かっているのに、息子からは確認の電話もない。息子の頭の中からはもう受験の二文字は消えていたのだろう。夕方になって息子が帰ってきた。息子は「早実は?」と、さっきと同じセリフ。私は妻の持って帰ってきた合格書類を見せた。
息子は「やったね」とVサインをしながら冷静に言った。まるで合格を予想していたようなそぶりだ。
私が「自信あったのか?」とたずねると、「だって出来たもん」と答えた。
妻は「変なやつね」と一言。
塾でも大騒ぎだったようだ。

合格の報告をしようと妻が電話をすると、担任のN先生は不在で、代わりにCクラスの文系担当で、5年生の時からお世話になっているK先生が出られた。K先生は、妻が合格した旨を伝えると、職員室中響くような声で「おおー!!」と雄たけびを上げたそうだ。息子もうれしいだろうが親も先生もそれ以上にうれしい。

合格の喜びに浸(ひた)る前に、私にはいくつかやらなければいけないことがあった。今夜は今まで避けていたことを、きちんと話し合わなければならない。本当は一番初めに話し合わなければならないことだったのだが、ここまで引き伸ばしてきてしまった。

職員室に戻ってきた塾のN先生が電話をかけてきた。
「おめでとうございます。やってくれましたね」
妻は「まぐれってあるんですね」と答えた。
「決してこの結果はまぐれではなく彼の実力ですから。まぐれで受かるような学校ではありません」
N先生の話は必ず息子のことを褒めることから始まる。私も人間は褒めることで伸びると考えているが、なかなかできるものではない。この先生方に指導していただいて、本当によかったと感謝していた。

175　13　受験本番　6年生・1月19日〜2月3日

「本当にありがとうございました」
「それで、お家の方では、もし明日渋幕に合格されたらどうするおつもりでしょうか?」
私の話さなくてはならないことのひとつがこのことだった。妻は電話を息子に代わった。N先生と息子は5分くらい話していたかと思う。
そして、息子は電話を私に代わった。「先生が話したいって」
N先生はひとしきりお祝いの言葉をくれた後、このように話し始めた。
「お父さんはもし明日渋幕が受かっていたら、早実と渋幕どちらに行かせるつもりですか?」
私は答えた。
「渋幕です」
「そうですか。それでは問題ありません。彼もはっきりと渋幕に行きたい、と言っています。ただ、今夜ご家族でいろいろとお話をされたほうがいいと思います」と、言われて電話を切った。たぶんこうだったのだろう。
家族で話してくださいというN先生の考えは、名前は出さなかったが、早稲田大学を蹴るということだ。大学受験時の志望校はそれ以上の学校、つまり東大ということになる。家族にその覚悟があるか、と聞きたかったのだろう。そんな覚悟がないのなら早実にした方がいいと。もうひとつのことも含めて。
早実を蹴って渋幕に行くということは早稲田大学を蹴るということだ。大学受験時の志望校はそれ以上の学校、つまり東大ということになる。家族にその覚悟があるか、と聞きたかったのだろう。そんな覚悟がないのなら早実にした方がいいと私は思った。もうひとつのことも含めて。
きちんと息子と話さなくてはいけないと私は思った。

私は息子と話しはじめた。
「もし、明日渋幕に受かったらおまえはどっちに行くんだ？　早実と」
「渋幕だよ」
息子はきっぱりと答えた。
「早稲田を蹴るということは、それ以上の大学をねらうということだぞ。いいのか？」
息子は答えた。
「東大、かっこいいじゃない」
これだけはっきりとした自分の意思があるのなら、たとえ将来早稲田蹴りのMARCH入りということになってもしょうがない。
実は別のちょっとした問題も持ち上がり、先ほど妻と話をした。明日の1時に渋幕の合格発表がある。ところが早実の入学手続きの締め切りが同じ1時なのだ。つまり発表前に入学金を支払わなければならない。もし、早実に行くのだったら問題はないが、渋幕に行くのだったら早実に支払う入学金が無駄になる。いくらかは返却してくれるらしいが……息子のきっぱりした答えを聞いて私の腹も決まった。入学金は無駄になってもかまわない。で、渋幕が受かったらその時はその時だ。
そのことはこれで片付いた。

177　13　受験本番　6年生・1月19日〜2月3日

本当の問題は実はもうひとつのことだ。ずっと、ずっと心に引っかかっていたこと。本当の息子の気持ちを確かめなくてはいけない。
息子に私は尋ねた。「もうひとつだけ聞くぞ」と続けた。
「おまえは渋幕が第一志望だよね？」
「うん。そうだよ」
「じゃ、早実と渋幕両方受かってたら渋幕行くんだよな」
私は、意を決して続けた。
「じゃ、はっきり言ってくれよ。それとも、明日、渋幕落ちてたら、早実に行くのか？　それとも……」
私はゆっくりと続けた。「それとも、明日、渋幕落ちてたら、早実に行くのか？　どっちなんだ？」
息子の第一志望は最初からずっと芝柏だった。まわりの影響でいろいろと志望校を変えさせてきた。しかし、彼の中ではずっと心の第一志望は芝柏だったはずだ。受験期のゴタゴタにまぎれさせて、早実という私の趣味を反映させたが、最終的には息子の選択に任せようと昨日決めていた。息子はなんと答えるのだろう。怖い気がしていたが、息子が芝柏に行きたいのだったら芝柏に行かせよう。後悔することになるかもしれないがそうしよう。私は決めていた。
「早実行くよ」

178

何事もなかったように息子は答えた。

「本当に早実なんだな」

私は念を押した。

「そうだよ」

息子はどうしてそんなこと聞くのか、というような顔をしていた。

後で妻に真相を聞いた。

芝柏に合格し、学校で同級生たちに自慢をしていた息子だったが、日能研に通っている生徒が一言、「芝柏って偏差値48だよ」と言ったらしい。市進では57だが日能研の方が生徒のレベルが高いので、こんなこととなってしまう。このことで、息子の芝柏への思いが一気にしぼんでしまった。それにしても私が悩んでいたのはいったいなんだったのだ?

【補足】

現在の芝柏の偏差値は市進で60、日能研で56だ。ちなみに東邦の現在の偏差値は市進62、日能研60だ。N先生が言ったように、6年後に芝柏が東邦を追い越すまでには至ってないが、大学の合格実績は、生徒数や現役合格率を考えると東邦に肉薄しているのは確かだ。芝浦工大への推薦率も10%程度まで下がり、実質的には大学附属校ではなく進学校になっている。

最近、芝柏が受験日を変えて東邦との併願が可能になった。東邦に落ちた優秀な理系の生徒を囲って鍛えるつもりなのだろうか？

2月3日　渋幕発表

1年半にわたる我が家の中学受験の日々も今日で終わりだ。私はインターネットで渋幕の発表を待っていた。入学手続きは午後1時までに、発表も午後1時だ。当然間に合わないが、12時過ぎに一度インターネットで発表を見ることにしていた。当たり前なのだが、まだ発表されていない。妻は「もう手続きに行く」と電話で伝えてきた。

幕切れはあっけないものだった。50分ほどして発表が開始された。ない。本当にあっけなかった。あれだけ「渋幕、渋幕」と言って頑張ってきたのに。妻に連絡すると本当に悔しがっていた。
「なんであんなに一生懸命にやってきたのに受からないのー！　もう」
確かにそうなのだが、1週間しかやっていないのに受かるところもある。帰ってきた息子に知らせると「あ、そう」とそっけない。まあ、予想はしていたのだろう。息子はそんなに落ち込みもしない。結局この受験もまわりの期待にこたえようと、とにかく一生懸命やっただけだったのかもしれない。

私も「悔しい」とか、「残念だ」とかは感じなかった。あれだけやってだめだったのだから諦

めもつくし、内心はほっとしていた。結果的にすべてうまくいったように感じていた。もともと大学附属校、特に早慶だったら万々歳と思っていたし、渋幕に受かって入学していたら、おせじにも勉強好きとはいえない息子のことだ、いらない後悔をする羽目（はめ）になっていただろう。通学時間だけが気がかりだが、早実でのびのびと6年間を過ごしてくれた方がずっといいと思っていた。

あの時の家族の「取らぬ狸の皮算用」は、今となっては笑い話だ。

「本当にお兄ちゃん渋幕受かっていたら、東大めざすつもりだったの？」

娘がいたずらっぽく聞いていた。

息子は答えている。

「本当は大学よく知らなかったんだ。早稲田がそんな難しい大学だとは思ってなかったし。東大しか知らなかった」

「他に大学を知らなかったのか？」私は息子に聞いてみた。

「うん、知らなかった。あ、でも、あとひとつ知ってたな。お母さんの大学。岡山大学！」

やっぱりちゃんと考えていたわけではなかったのだな、と私は思った。

娘が笑いながら、その時我が家ではやっていた東京六大学式応援の掛声で続けた。

「メイモーン！」

長くも短い我が家の中学受験が終わった。

181　　13　受験本番　6年生・1月19日〜2月3日

14 その後とあの夏、そして今

春になり、息子は早実に入学し元気に通いだした。心配していた長距離通学もなんとかこなしていた。
朝6時40分頃家を出て、6時50分台の電車に乗り8時10分頃に学校に到着する。
息子の一番の心配ごとだったいじめはと言えば……皆無だ。あの学校は不思議な学校で、どんな生徒でも必ずどこかに居場所がある。ガリ勉でもオタクでもスポーツ馬鹿でも。お互いが認め合っていてバカにしたりしない。入学して間もない頃、息子に聞くと「すごく楽しい。本当にあの学校に入ってよかった」と言っていた。

勉強はやはりレベルが高く、ついていくがやっとという感じだった。もちろん、きちんと普段から勉強していればできるはずなのだが、やらないのだからできない。大学推薦のこともあるので、実は勉強はけっこう厳しい。息子も中間、期末の定期試験の時は、徹夜に近い状態で勉強し

ていたが、レベルの高い同級生の中にいるのと、普段なにもしていないのとで、数日間だけの猛勉強では取り返しがつかなかった。超低空飛行の状態だった。妻に言わせれば、やはり受験がないとサボってしまうということで、どうも、そんな態度を見ていると小言を言いたくなってしまうようだった。

息子にはそんな小言はなんでもないことのようだった……クラブはテニス部に入った。私は息子のサッカーの実力から言ってもスポーツはダメなことは分かっていたので、あまり期待せずに見ていたが、案の定、補欠コースを歩んで、3年間で1勝という成績を残して退部した。

実は中3から高2にかけて、息子には中学受験の時よりももっと、人生においての大きな曲がり角があったのかもしれない。それは、あの夏の出来事とも関係がある。

初めて私が早実野球部の試合を見たのは、息子が中学3年の夏だった。東京では東京MXテレビが、夏の予選のベスト8になるとテレビ中継をしている。早実にとってはやはり硬式野球部というのは特別な存在で、都大会もベスト8以上になるとテレビ中継をしている。早実にとってはやはり硬式野球部というのは特別な存在で、都大会もベスト8以上になると「明日、硬式野球部が神宮球場で日大三高と対戦します。夏の大会準決勝です。時間のある方はぜひ神宮球場での応援をお願いします」というような連絡があった。

「へー、やっぱり早実だな。元祖野球学校」

「さすがに球場まで行くのはね。東京ＭＸテレビで中継するよ。テレビで見ればいいね」

妻が答えた。

翌日テレビの中継が始まると、画面に映し出された早実のピッチャーは華奢なイケ面の少年で、逆に日大三高側はみんな筋肉隆々で鍛え上げられている男たち、という感じだった。試合は大人と子供の戦いという様相で、序盤にすでに7、8点がとられていて、かわいそうなくらいだった。そのピッチャーがあの斎藤佑樹君だった。この時はまだ高校2年生だった。

「やっぱり、朝から晩まで野球のことだけ考えているようじゃないと、甲子園はな。いまの早実じゃ、ちょっと無理なんじゃないかな」といっしょに見ている妻に話した。

結局最後はコールド負けしてしまった。部員たちが泣いている姿が映し出されていたのは、後から知った。

私は冗談っぽく言った。

実はそんな彼らも、尋常ではない努力を普段からしていたのは、後から知った。生徒全員は自宅通学だ。しかも遠距離通学者が多く、どの運動部もなかなか練習時間がとれない。野球部でも平日の練習時間は3時間ほどだ。もちろんこの程度の練習時間では足りないので、各自で早朝や深夜に自主練習をしている。また、あの優秀な生徒の中で勉強も頑張らなくてはならない。そのために、朝練の後に自習している生徒も多い。斎藤君などは夕方の練習後にスポーツジムで1時間ほど筋トレをして、帰

早実はあれほどの難関校になってしまった早実が、甲子園に行くというイメージがさっぱり湧かなかった。は、超がつく難関校なのに合宿所がない。

宅時間はいつも12時近くだったらしい。早朝に起きて朝練をやり、その後に2時間弱学校で自習をしていたようだ。他の生徒も似たようなものだ。睡眠時間を削ってでも、勉強やスポーツに打ち込んでいたのだ。

3ヶ月後、秋の大会でも新チームになった野球部は順調に勝ち上がっていった。斎藤君もあの日大三高との試合を境に、別人のように成長していた。私たち夫婦はすっかり早実野球部のファンになっていた。都大会の準決勝の相手は、またもや日大三高だった。テレビ中継はされないがインターネットの掲示板に速報が流れる。私は外出していたが、妻はネットをチェックしていて、時々私の携帯に連絡をしてくれていた。結果は2－0での勝利。斎藤君はあの強力打線を抑え、見事な完封勝利でリベンジを果たした。この後決勝でも東海大学菅生を破り、秋の都大会では優勝してしまった。秋の大会優勝とは、すなわち来春の甲子園出場ということだ。まるっきりイメージの湧かなかった甲子園出場を果たしてしまったのだ。

春の甲子園初戦は、家族全員で応援に出かけた。最初、息子は「そんなの行かないよ」と言っていた。それを聞いた私は、「早実にいて甲子園に応援に行かないとは何事だ！」と烈火の如く怒った。妻はあきれたような顔をしてはいたが、実は私と同じ考えだった。しぶしぶ行くことになった息子だったが、これがその後の自分の人生にずいぶんと影響を及ぼす、とは思ってもみな

185　14　その後とあの夏、そして今

かっただろう。息子は生徒応援バスで、私たちは応援ツアーバスで別行動だったが、途中の休憩時や待ち時間でいっしょに行動ができた。妹や弟も兄の同級生たちと遊んでもらい楽しんでいた。たとえて言うならば「息子の修学旅行に家族でついていった」ようなものだった。面白い経験をさせてもらった。

初戦の相手は北海道代表の北海道栄高校だった。私はまぐれで出た早実チームがそう簡単には勝てないのではないかと思っていたが、なんと結果は7─0での快勝だった。まったく危なげなく、緊張する様子もなく勝ってしまった。そのことにも驚いたが、私の度肝を抜いたのが早実の応援だった。満員の応援席が一体となって応援曲に合わせて声援を送る。点が入れば肩を組んでの早稲田大学の応援歌『紺碧の空』の大合唱。まるで武道館でのロックコンサートのようだった。スポーツの応援で、これほど興奮したことはかつてなかった。

春の甲子園はベスト8まで、岡山の関西高校との延長15回引き分け再試合を含めて計4試合を戦った。あまり話題にならなかったが、実はこの関西高校との2試合はまれに見る名勝負だった。再試合で負けていた早実だったが、9回表に相手の外野手のありえないようなエラーで逆転した。それで2点をもらい、この試合はそのまま早実が勝った。試合終了後、エラーをした相手の外野手が泣き崩れて歩けなくなってしまった。その時だ。突然雪が降り始めたのだ。それを関西のチームメイトが抱きかかえるように支えて終礼に向かった。関西のチームワークとその姿に見いる早実ナインの姿に、思わず関西チームの涙のような雪だった。

ず私も目頭が熱くなりそうな光景だった。あの駒大苫小牧との試合と比べても勝るとも劣らないくらい感動した試合だった。

この時に優勝候補の関西に勝ったことで、野球部員たちは自分たちが全国でも戦える力があると分かって自信がついたと言っている。春がなければあの夏もなかったのだ。

　春休みが終わり息子は高等部に入学し、吹奏楽部に入部する。私は息子が音楽をやりたいというのが意外だった。やはりあの甲子園での応援の経験が心を動かしたのだろう。

そしてあの夏になった。息子は、まだ楽器を始めて3ヶ月ほどしかたっていなかったが、幸運なことに野球部の応援には参加を許された。西東京大会決勝、またまた相手は宿敵日大三高。この試合が息子の吹奏楽応援デビューの日でもあった。勝てば夏の甲子園、しかも息子のデビュー。私たちも神宮球場に応援に向かった。試合は一進一退を繰り返し、大方の予想を覆し、史上最強と言われた日大三高を撃破して、早実は夏の甲子園出場を果たした。

　その後のことは有名な話なので控えるが、息子は甲子園での3回戦以降大阪にとどまることになり、結局この夏は計2週間ほど大阪で過ごした。優勝が決まり、学校での祝勝パーティーには大阪から直接向かった。

　妻は吹奏楽部の保護者として、このテレビ中継された祝勝パーティーに参加していたが、久しぶりに見た息子が真っ黒に日焼けしているのを見て、とてもたくましく思えたらしい。私もテレ

ビ越しに見た息子のひと夏の成長を心の中で喜んだ。

この後卒業まで高校3年間は、毎日4時30分には起きて、5時30分には家を出ていた。息子にとっては、初めて自分の意志でやりたいことをやったのではないか。顧問の先生も本当によく頑張っているとと褒めてくれた。やっと心から夢中になれることに出会えたのだ。

高校2年生に進む際は、文系、理系の選択をしなくてはならない。まだ自分が将来なにをやりたいか、真剣に考えていなかった息子は、なにも考えずに自分は文系だと言っていた。そんな息子に私はアドバイスをした。

「もし、まだやりたいことが分からないんだったら、とりあえず理系にしておけ」

また横から妻が、

「文系の方が社会に出てから儲かる。生涯賃金が違う」

などと、くだらないそろばん勘定をしていたが、結局最後は息子も私に従った。理系から文系には移れるが、文系から理系にはなかなか難しい。みんな勘違いをしているようだが、やりたいことが決まってない時は、数学の成績が極端に悪くなければ、「とりあえず文系」ではなく、「とりあえず理系」だと思う。

進級するといい出会いがあった。前にも話したが、息子は小学校の時、下校時に石を拾ってくるのが趣味だった。そんな昔のこと、とっくに忘れてしまっていると思っていたが、三つ子の魂百までだったのだ。ある日進級した理系クラスで地学巡検という特別講義が開かれ、講師のT先生に引率されて埼玉県の秩父まで地層見学に出かけて行った。

帰ってきた息子は口が軽い。

「ああ、楽しかった。化石も発掘したよ」

男の子は高校生にもなると学校での出来事などなかなか話してくれないが、この日は珍しく熱心に1日の出来事を説明してくれた。T先生にはその後何回か巡検に連れて行ってもらった。そんな時は同じ学年の生徒や、早稲田大学の地球科学科の学生といっしょだった。いつも楽しかったと言って帰ってくる。後で分かったことだが、これは授業ではなく自主的な活動だったのだ。こんなことができたのは大学附属校の特権だろう。この先生との出会いが、地学という学問に、そして教師という仕事に興味を持つきっかけになったのかもしれない。やっと将来のことが漠然とだが見えてきたようだった。その活動は卒業するまで続いていた。

高校3年生に進級すると大学の推薦関係の試験や手続きが行われる。早実では生徒に大学の学科の希望を第六志望まで提出させ、成績の上位の者から推薦を決めていく。通常は第一志望が通るのだが、その学科の推薦枠を超えると第二志望、第三志望などに回されることもある。担任の先生からは、この成績だと都心にある早稲田校舎の理系はちょっと難しいかもしれないと言われ

ていた。

超低空飛行の息子の成績は、理系クラス計130人の中で110番台。理系の大学推薦枠は、理工学部と教育学部理系と人間科学部のものだ。理工学部と教育学部理系は都心の早稲田にあるが、人間科学は埼玉県の所沢だ。理工学部と教育学部の推薦枠は合計100名程度だ。息子の希望は教育学部の地球科学科だが、この時はもう教師という仕事が頭にあったのだろう、地球科学以外でも教育学部がいいと、第二志望以下も教育学部の文系学科にしていた。息子の場合理系だったのだが、文系科目も履修(りしゅう)していたので文系にも志望ができた。実は文系科目の成績の方が、理系科目よりもよかったので、教育の文系なら教育系の専門科目を勉強したいようだった。

ところが、結果的に、どういうわけかは分からないが、希望が通って第一志望の教育学部の地球科学科に進学した。地学の成績だけは10だったから、ほかのことをやらせても役に立たないかうと、先生方が同情して無理やり押し込んでくれたのか？ または、2年間子分をやっていたT先生の後押しがあったからなのか？ あの時、文系にせずに「とりあえず理系」が役立った。

だったらカウンセリングなど教育系の文系科目を大丈夫なことは分かっていたのだ。地球科学以外

ある時、私は息子に質問してみた。

「早実ってどうだ？」

「え、早実？ いい学校だよ。たぶん日本で一番じゃない」

現在、息子は早稲田大学に通っている。サークルはなぜか応援部に入った。やはり、あの夏が忘れられなかったのだろうか。吹奏楽団所属だが、声出しもあり時々声を枯らして帰ってくる。友人や親戚連中に息子が応援部に入ったというと、「似合わない」とか、「よく逃げ出さないな」とか、ひどいのになると「あんなフニャフニャなのに務まるはずないだろ」などと言われる。しかし、いつもマイペースな息子は楽しくやっているようだ。案外6年間の遠距離通学で、根性がついていたのかもしれない。

先日、神宮球場まで出かけて、早慶戦を夫婦で観戦した。息子はその試合で3イニングほど吹奏楽団の指揮を任されていた。高校からやってきたことの成果を見せてくれているようだった。あまり家では見せたことのない晴れ晴れした表情だったので驚いてしまった。

息子の教育学部志望理由の欄にこんなことが書いてあった。
「僕は小学校の時にいじめを経験しました。その時の経験を生かし、困っている人を助けたり、頑張っている人を応援してあげたいと思います。教師になりたいです」

息子よ、人・の・応・援・を・し・て・生きるってかっこいいよな！

人生に「もしも」ということはないと言われるが、私はよく「息子の人生に『もしも』があったとしたら?」と考えてしまう。

もしも、地学のT先生に出会わなければ、子供の頃から好きだった「岩石」について勉強してはいないだろう。教師になろうなんて考えなかっただろう。

もしも、「早実野球部」が甲子園に出なければ、「人を応援する」なんて考えもしなかっただろう。本当に夢中になれる吹奏楽もやっていなかっただろう。

もしも、渋幕に受かっていたら、「早実」に入学しなかっただろう。

もしも、塾のN先生に出会わなければ、「早実」を受験しなかっただろう。

そもそも、もしも、あの時「いじめ」がなかったら、中学受験はしていなかっただろう。

こんな出来事のうちひとつでもなければ、人を応援したり、音楽をやったり、地学を勉強したり、教師をめざそうなどとは考えなかっただろう。

ほんのちょっとの出会いや出来事が人生を大きく変えてしまう。

息子は今幸せに生きているはずだ。もちろん、今後どうなるかは分からないが、今は充実した人生を歩んでいる。

最近幹部になった応援部の活動はもとより、不思議なことに、あまり好きだとはいえなかった

勉強も、今は面白いと言ってがんばっている。
私はいろいろな人に感謝をしている。もちろん息子を励ましてくれた人、いろいろ教えてくれた人、自信を与えてくれた人、弱っている時に助けてくれた人など。
でも、今はそんな人だけではなく、小学校の時息子をいじめた子供たちにさえ、少しお礼を言いたい気分だ。

付・オリジナル版全国偏差値表

最後に、私の体験や学校案内や学校のホームページ、Webサイトの情報などから総合的に判断した「タイプ別偏差値表」を作成してみた。

タイプ分けはあくまで私の主観で行っているので、最終的な判断は読者にお任せしたい。本文中でも何度も言っているように、学校の良し悪しは子供と親が実際に行ってみることでしか分からない。たとえば、世間ではスパルタ式の学校だと言われている学校でも、先生が熱心に指導してくれている、と捉える(とら)ご家庭もあるだろう。またその逆に、放任と見られる学校でも、実は中学1、2年生のうちはけっこう厳しく鍛えられるところもある。世間の評判はあまり気にせずに、実際の中身を見てその子供に合うか合わないか、ということを考えることがもっとも重要だ。

偏差値に関してはいろいろな情報を総合的に判断し、なるべく平均化して載せている。地方の学校や公立中高一貫校などでは情報が少なく、あまり正確とはいえなかったり、情報不足で掲載できなかったものもある。あくまでも目安として考えてほしい。

北海道・東北の主な学校 〈タイプ別偏差値表〉

偏差値	管理型	面倒見型	自主性尊重型
70			
	凡例(すべて共通) ・( )内は　男:男子校、女:女子校、共:共学校、附:大学附属校、中:中学のみ ・附属でも内部進学者数が少ない場合は(附)と記さなかった ・[ ]内はコース ・*は公立中高一貫校		
65			
	函館ラ・サール(男)		
60			
			北海道教育大釧路(中・共)
55		北嶺(男)	北海道教育大札幌(中・共)
			山形大附(中・共)
50			
	札幌光星[ステラ](共)		
			秋田大附(中・共)
	日大山形(共・附)		北海道教育大函館(中・共)
45	立命館慶祥(共・附)、 札幌日大(共・附)、 札幌光星(共)、 遺愛女子(女)	函館白百合(女・附)	北海道教育大旭川(中・共)
	札幌大谷[英数選抜](共)	札幌聖心女子(女・附)	宮城教育大附(中・共)
	東海大四[一貫](共・附)、 藤女子(女)		
		北星学園女子(女)	
	札幌大谷[英数](共)		弘前大附(中・共)
40	福島成蹊(共)	盛岡白百合学園(女・附)	
	青森山田(共)、 八戸聖ウルスラ学院(共)、 秀光中等教育学校(共)	桜の聖母学院(女)、 石川義塾(共)	
	東海大四[総合](共・附)、 古川学園(共)	聖霊女子短期大附(女・附)、 岩手(男)、 仙台白百合学園(女・附)	岩手大附(中・共)
	東北学院(男・附)	宮城学院(女・附)	
	聖ウルスラ学院英智(共)、 磐城緑蔭(共)。 東日本大昌平(共・附)	青森明の星(女)、 弘前学院聖愛(共・附)、 尚絅学院(共)	
35	双葉(共)		

関東の主な共学校 〈タイプ別偏差値表〉

偏差値	管理型	面倒見型	自主性尊重型
70			
		渋谷幕張	
	栄東[東大]		
	開智[先端A]		筑波大附
			慶応中等部(附)、早稲田実業(附)
65			お茶の水女子大附(女子偏差値)
		県千葉*	
		市川	明大明治(附)
	開智[先端B]	小石川*	
		東邦大東邦(附)	
60	栄東[A]、西武文理[特]、	昭和秀英、都立武蔵*	
			青山学院(附)、学芸大世田谷、学芸大竹早
	栄東[B]	市立浦和*	
		芝浦工大柏(附)、立川国際*	
	開智、大宮開成[特]、桐蔭中等、広尾[特]、專大松戸(附)	両国*、神奈川大(附)	中央大附(附)
55	公文国際[A]	山手学院、法政大学(附)、桜修館*、南多摩*	横浜国大横浜(中)、学芸大小金井
		相模原*、富士*、立川*、南多摩*	学芸大国際
	国学院久我山(附)	稲毛*[千葉市立]	
		成蹊、成城学園(附)、創価(附)、明大中野八王子(附)、森村学園、帝京大(附)	横浜国大鎌倉(中)
	穎明館、東京都市大等々力[特]、桐光学園、日大藤沢(附)、江戸川取手	麗澤、白鷗*	東大附、千葉大附(中)
50	西武文理	県立並木*	
	大宮開成	成田高附、中央大横浜山手	埼玉大附(中)
	浦和実業、埼玉栄[難]、日大第二(附)	茗溪、平塚*	
	青稜	獨協埼玉(附)、順天、日本大学(附)	お茶の水女子大附(男子偏差値・中)
	宝仙[理数]	日出学園	
45	横須賀学院	桜美林(附)、関東学院(附)	宇都宮大附(中)、群馬大附(中)
		千葉日大(附)	茨城大附(中)
	常総学院、淑徳[S特]	東京電機大(附)、群馬中央中等教育*	
	聖望学園	かえつ有明[総]、多摩大聖ヶ丘(附)	
	自修館、東京成徳(附)		
40	土浦日大(附)	二松学舎柏(附)、八千代松陰、工学院(附)、日大第一(附)	
	國學院栃木(附)	東海大高輪台(附)、日大第三(附)、明法	
	作新学院、佐野日大(附)	千葉明徳、玉川(附)、日大豊山(附)、昭和学院	
	白鴎大足利、宇都宮短大附属	郁文館、関東学院六浦[A](附)	
		東海大相模(附)、立正(附)	
35			

関東の主な男子校 〈タイプ別偏差値表〉

偏差値	管理型	面倒見型	自主性尊重型
			筑波大駒場
70			開成
			麻布
		聖光	栄光
		駒場東邦、浅野	
65		早稲田(附)	慶応普通部(附)
	本郷		武蔵、早稲田高等学院(附)
			立教新座(附)
		海城、サレジオ学院	
		暁星	
60	攻玉社、鎌倉学園	芝、逗子開成	桐朋、立教池袋(附)
		学習院(附)	
	世田谷学園		
	巣鴨、城北		
55		明大中野(附)	
		東京都市大附(附)	
	成城、桐光(男女別学)	法政第二(附)	
	高輪[A]		
50	京北[特]	佼成	
		藤嶺藤沢、日大豊山(附)	
	那須海城	獨協(附)	
	桐蔭(男女別学)		
45			
		城西大川越(附)、芝浦工大(附)	
	足立		
	聖学院[特]		
40			
	聖学院		
	京華[特]、横浜		
35			

関東の主な女子校 〈タイプ別偏差値表〉

偏差値	管理型	面倒見型	自主性尊重型
70			
			桜蔭
	豊島岡	雙葉	女子学院
		浦和明の星	
		白百合 (附)	
65			
		立教女学院 (附)	
		吉祥女子	
		鴎友学園、頌栄、洗足	
		横浜共立	
60		学習院女子 (附)、晃華	
		大妻 (附)	
	国府台女子	香蘭 (附)、日本女子大 (附)	
		普連土	
		共立女子大 (附)、東洋英和 (附)	
55		カリタス、田園調布 (附)、富士見	
	江戸川女子、品川女子	清泉女学院 (附)、東京女学館 (附)	
		三輪田	
		大妻多摩 (附)、恵泉 (附)	
50	桐光 (男女別学)	聖心 (附)	
		跡見 (附)、実践女子 (附)、昭和女子大 (附)、聖園、横浜女学院	
		東京純心、山脇 (附)	
	桐蔭 (男女別学)	大妻中野 (附)、神奈川学園、捜真	
45			
		桐朋女子 (附)	
		十文字、セシリア、日大豊山女子 (附)、文化女子大杉並 (附)、横浜富士見	
	鎌倉女子大 [特] (附)	共立第二 (附)、女子聖学院、トキワ松	
40		中村	
		川村 (附)、星美学園、聖ヨゼフ、文京学院大 (附)	
		宇都宮海星女子	
35			

中部の主な学校 〈タイプ別偏差値表〉

偏差値	管理型	面倒見型	自主性尊重型
65			
			東海(男)
	南山[女子部](女・附)		
		滝(共)	
60	高田[6年制](共)		
	愛知淑徳(女)		
	南山[男子部](男・附)、海陽中等教育(男)		
55	佐久長聖(共)		
	愛知(共)		
	鈴鹿(共)		
50	片山学園(共)	名古屋(男)	名古屋大附(共)、金沢大附(共)
	三重(共)		静岡大静岡(中・共)、新潟大新潟(中・共)、新潟大長岡(中・共)
	暁[スーパーアドバ](男)、春日丘[啓明](共)	椙山女学園(女・附)、浜松西高中等部*(共)	上越教育大附(中・共)、信州大松本(中・共)、信州大長野(中・共)、静岡大浜松(中・共)
	金城学院(女)	清水南高中等部*(共)	富山大附(中・共)、福井大附(中・共)、愛知教育大岡崎(中・共)、愛知教育大名古屋(中・共)、三重大附(中・共)、山梨大附(中・共)
		暁秀中学校[アルファ](共)	静岡大島田(中・共)
45	鶯谷(共)	不二聖心女子(女・附)	
		静岡隹葉(女)	
	日大三島(共・附)		
	駿台甲府(共)		
40	長野日本(共・附)	東海大翔洋(共・附)	
	山梨学院大附(附・共)、星城[仰星](共)	松本秀峰中等教育(共)	信州大長野(中・共)、信州大松本(中・共)
	岐阜東(共)	沼津高校中等部*(共)	
	大成[STUDEA](共)		
	新潟明訓(共)、新潟第一(共)、愛知工大附(共・附)、北陸(共)	北陸学院(共)	
35	桜丘(共)、セントヨゼフ女子(女)、静岡学園(共)、多治見西高附属(共)、福井工業大福井(共・附)	静岡聖光学院(男)、静岡英和女学院(女)、長野清泉女学院(女)、新潟清心女子(女)、山梨英和(女)、岐阜聖徳学園(共・附)	

近畿の主な共学校 〈タイプ別偏差値表〉

偏差値	管理型	面倒見型	自主性尊重型
	洛南高校附属、 清風南海[スーパー]		
	清風南海[特進]、白陵		
65	智辯和歌山、奈良学園[医進]		大阪教育大池田
	大阪桐蔭[英数選抜]、 智辯学園奈良カレッジ、 近畿大和歌山[数理](附)		大阪教育大天王寺
			同志社、京都教育大京都、 京都教育大桃山
		立命館[アドバンス](附)	大阪教育大平野、 同志社国際(附)
60	大阪学芸中等教育[S特E]		
	大谷[医進]	関西大学(附)	同志社香里(附)
	開明[スーパー理数]、 大阪桐蔭[英数]、 清教学園[S特進III]、 須磨学園[特進B]、 奈良学園[特進]、 奈良学園登美ヶ丘		関西大学第一(附)、 同志社(附)
	帝塚山学院泉ヶ丘[医進](附)、 開明[理数]	京都産業大附(附)	
	初芝富田林[III類]	洛北高校附*	
55		立命館[総合](附)	
	近畿大和歌山[学際](附)	関西創価(附)	
	近畿大附[医薬](附)、 近畿大附[特進](附)、 聖心学園中等教育[英数I]	京都西京高校附*	立命館宇治(附)、 啓明学院(附、関西学院)
	滝川第二[特進一貫]		
50	桃山学院[6年選抜]、 上宮[特進]	三田学園(附、関西学院)	立命館守山(附)
	初芝富田林[II類]、大谷[特]、 帝塚山学院泉ヶ丘[特A](附)		兵庫県立大附、 奈良教育大附(中)
	龍谷大平安、 大阪学芸中等教育[S特進]、 関西大倉[六年一貫]	早稲田摂陵[6年一貫](附)	
	雲雀丘学園[一貫選抜]	滋賀守山*、関西大学北陽(附)、 関西学院千里国際(附)	
	開智[特進]		
45	履正社学園豊中[3年独立]、 聖心学園中等教育[英数II]	大阪市立咲くやこの花中学校*	滋賀大附(中)
	履正社学園豊中[6年I類]	神戸龍谷[英進](附)	
	近畿大新宮(附)、 花園[スーパー]	関西大学連携浪速[関大](附)	
	桃山学院[6年進学]、 大谷[マスター]、 仁川学院[特進II]、 智辯学園[中高一貫]		
	京都橘[V]	滋賀河瀬*	
40	四條畷学園[6年][英数発]	初芝立命館[立命館](附)	
	滝川第二[進学一貫]、 東海大仰星[英数特]、 大阪学芸中等教育[特進]	神戸龍谷[特進](附)	
		滋賀水口東*	
	初芝橋本		
35	京都共栄学園	比叡山、奈良育英[文理特進]	

近畿の主な男子校 〈タイプ別偏差値表〉

偏差値	管理型	面倒見型	自主性尊重型
			灘
70			
	大阪星光学院		東大寺学園
	六甲	洛星	甲陽学院
	西大和学園		
	帝塚山[男子S理系](附)		高槻
65	清風[理Ⅲ6か年]		関西学院(附)
	帝塚山[男子英数](附)		
	清風[理数6か年]、 明星[エスポアール]、 滝川[医進]		
60			
	東山[エース]		
	滝川[スーパー特進]、 淳心学院		
55			
	滝川[特進]		
50			
45		甲南(附)	
	報徳学園[Ⅱ進]		
40			
35			

近畿の主な女子校 〈タイプ別偏差値表〉

偏差値	管理型	面倒見型	自主性尊重型
70			
		神戸女学院	
65	四天王寺[英数Ⅱ]		
		京都女子[ⅡS](附)	
	四天王寺[英数Ⅰ]		
	帝塚山[女子英数](附)		奈良女子大附中等教育
60			
	金蘭千里	神戸海星	
			同志社女子(附)
55			
	帝塚山[女子特進Ⅲ](附)	京都女子[ⅡL](附)	
	信愛女子短大附属[医進](附)		
50			
	甲南女子[Sアドバンスト](附)	大阪女学院	
		京都女子[ウイステ](附)	
45		親和	
	ノートルダム女学院[B](附)	甲南女子[スタンダ](附)	
	武庫川女子大附属[イング](附)	平安女学院[立命館](附)	
		帝塚山学院[関学](附)、 小林聖心女子学院(附)	
40		プール学院[アドバン]	
	聖母学院[Ⅰ類]		
	信愛女子短大附属[特](附)、 大谷[コア]、樟蔭[選抜特進]		
	ノートルダム女学院[A](附)	城星学園[特進]、 賢明学院[近大医療](附、近畿大)	
		育英西[立命館](附)	
35			

中国・四国地方 〈タイプ別偏差値表〉

偏差値	管理型	面倒見型	自主性尊重型
70			
65	広島学院(男)		
	岡山白陵(共)		広島大附(共)
	愛光(共)		広島大福山(共)
	岡山[東大・医学](共)		広島大三原(中・共)
60	ノートルダム清心(女・附)		
	岡山(共)		
		岡山操山*(共)	修道(男)
	広島なぎさ(共)		土佐(共)
55		広島女学院(女・附)、福山市立福山*(共)	
	土佐塾(共)、近畿大福山[難関進](共・附)	倉敷天城*(共)、広島県立広島*(共)	
			鳴門教育大附(中・共)
			岡山大附(中・共)、広島大東雲(中・共)
	朝日塾[Ⅲ](共)、高知学芸(共)		
50	広島城北(男)、済美平成中等教育(共)		
		徳島県立城ノ内*(共)	
		就実[特進ハイグレ](共・附)、土佐女子(女)	香川大高松(中・共)、香川大坂出(中・共)
	新田青雲中等教育(共)	岡山大安寺中等教育*(共)	愛媛大附(中・共)、島根大附(中・共)
	安田女子[自然科学](女)	AICJ(共)	山口大山口(中・共)
45			高知大附(中・共)
	香川誠陵(共)		鳥取大附(中・共)
	近畿大東広島(共・附)、香川県大手前*(共)		
	米子北斗(共)	徳島文理(共)	山口大光(中・共)
	呉青山(共)		
40	湯梨浜(共)	松徳学院(共)、岡山学芸館清秀(共)	
	開星(共)	出雲北陵(共)	
	広島新庄(共)、帝京冨士(共・附)	今治明徳(共)	
	明徳義塾(共)、山陽女子[特進](女・附)	高森みどり中学校*(共)	
	福山暁の星(女)、大手前松(共)、	広島市立安佐北*(共)	
35	高川学園(共)、宇部フロンティア大(共・附)	下関中等教育学校*(共)	

九州・沖縄の主な学校 〈タイプ別偏差値表〉

偏差値	管理型	面倒見型	自主性尊重型
70			
			ラ・サール (男)
65	久留米大附設 (男)		
60	青雲 (共)		
	西南学院 (共・附)		
55	福岡大大濠 (共・附)		福岡教育大福岡 (中・共)
	弘学館 (共)、 志學館 (共)		福岡教育大小倉 (中・共)、 熊本大附 (中・共)
	昭和薬科大附 (共)		
50		明治学園 (共)、 早稲田佐賀 (共・附)	
			福岡教育大久留米 (中・共)
	向陽 (共)、池田 (共)、 筑紫女学園 (女)	佐世保北* (共)	佐賀大附 (中・共)
	上智福岡 (男)	唐津東* (共)、長崎東* (共)、 五ヶ瀬中等教育* (共)、 鹿児島玉龍* (共)	長崎大附 (中・共)、 宮崎大附 (中・共)
45	東明館 [特進] (共)	福岡雙葉 [応用特進] (女)、 大分豊府* (共)、致遠館* (共)	鹿児島大附 (中・共)、 大分大附 (中・共)
	照曜館 (共)、 東明館 [英数強化] (共)	武雄青陵* (共)、 長崎日大 (共・附)	
	大分 [特進] (共)、 沖縄尚学高附 [パイオニア] (共)		
	れいめい (共)		
	敬愛 [九大医進] (共)		
40	海星 [ステラ・プレ] (共)	香楠* (共)	
		熊本マリスト学園 (共)、 真和 (共)	
	筑陽学園 (共)、 東福岡自彊館 (男)	鹿児島修学館 (共)、 佐賀清和 (共)、活水 (女・附)	
	岩田 (共・附)、日向学院 (共)、 鹿児島第一 (共)	長崎精道 (中・女)	
35	宮崎第一 (共)、 鹿児島純心女子 (女)、 大牟田 (共)、成穎 (共)、 純心 (女)、神村学園 (共)、 興南 [フロンティア] (共)	久留米信愛女学院 [医進] (女・附)、 佐賀龍谷 (共)、 精道三川台 (男)、 宮崎日大 (共・附)、鵬翔 (共)	

【解答例】

市川中学入試問題

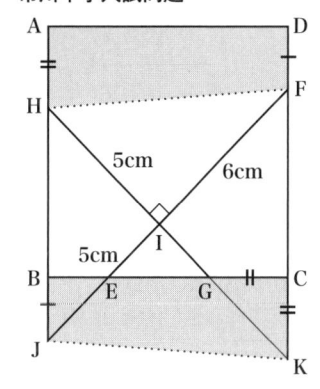

HG の延長と DC の延長が交わった交点を K とする。AH = CG なので、BH = BG になり、三角形 BGH は直角二等辺三角形。三角形 BGH と三角形 CGK は相似なので、CG = CK。よって AH = CK。
上と同様に DF = BJ。
四角形 AHFD と四角形 CKJB は、AH = CK、DF = BJ なので、面積が等しい。
正方形 ABCD の面積は台形 HJKF と等しくなる。
台形 HJKF の面積は、三角形 HJF + 三角形 KJF。
三角形 IHJ と三角形 IKF はともに直角二等辺三角形なので、IH = IJ = 5cm、IF = IK = 6cm
$(5+6) \times 5 \div 2 + (5+6) \times 6 \div 2 = 60.5$

答え　60.5cm²

白鷗中学適性検査Ⅰ（問題２の解答例は割愛した）

[問題１]

	時　間	予　定（見どころ等）	１人分の費用	人　数	費用の合計
1日目（19）日	8時から 11時まで	行きの新幹線			
	（12時）から （15時）まで	【ぶどう園】昼食	大人 =1800円 子供 =1300円	大人 = 4人 子供 = 2人	9800円
	（16時）から （17時）まで	【しろ　　　】昼食	大人 = 0円 子供 = 0円	大人 = 4人 子供 = 2人	0円
	（18時）	ホテル着			
2日目（20）日	8時	ホテル発			
	（9時）から （12時）まで	【プール　　】昼食	大人 = 600円 子供 = 300円	大人 = 4人 子供 = 2人	3000円
	（13時）から （17時）まで	【温せん　　】昼食	大人 =1400円 子供 =1100円	大人 = 4人 子供 = 2人	7800円
	（　時）から （　時）まで	【　　　　　】昼食	大人 = 　円 子供 = 　円	大人 = 　人 子供 = 　人	円
	（18時）	ホテル着			
3日目（21）日	8時	ホテル発			
	（9時）から （14時）まで	【遊園地　　】昼食	大人 =2800円 子供 =1800円	大人 = 4人 子供 = 2人	14800円
	（　時）から （　時）まで	【　　　　　】昼食	大人 = 　円 子供 = 　円	大人 = 　人 子供 = 　人	円
	15時から 18時まで	帰りの新幹線			
				入場料と昼食代金の合計	35400円

著者 **上野慶浩**（うえの・よしひろ）

1962年東京生まれ。東京商船大学卒業。商社の駐在員としてモルジブに赴任。バブル崩壊で帰国。大手進学塾（市進）で3年間講師を務める。塾講師と並行してＩＴ会社を設立し、現在に至る。Webサイトの構築、コンテンツ制作などを主な業務としている。最近では教育関係の仕事が多く、全国十数大学のe-learning関連のサイト構築、教材制作、メンテナンスを行っている。その関係で講習会や講演会の依頼も多い。

著者が構築した中学受験サイト「中学受験.net」
http://www.chuugakujyuken.net/
内容
① ネット模擬試験（無料）
② 全国　国公私立中高一貫校案内
③ 中学受験Ｑ＆Ａ
④ 掲示板　など

カバーイラスト　ナシエ
図書設計　辻聡

DMD

出窓社は、未知なる世界へ張り出し
視野を広げ、生活に潤いと充足感を
もたらす好奇心の中継地をめざします。

もしも中学受験をめざすなら　必ず役立つ我が家の体験記

2012年2月14日　初版印刷
2012年3月8日　　第1刷発行

著　者　　上野慶浩

発行者　　矢熊　晃

発行所　　株式会社　出窓社

　　　　　東京都武蔵野市吉祥寺南町 1-18-7-303　〒180-0003
　　　　　電　話　　0422-72-8752
　　　　　ファクシミリ　0422-72-8754
　　　　　振　替　　00110-6-16880

印刷・製本　　モリモト印刷株式会社

© Yoshihiro Ueno 2012 Printed in Japan
ISBN978-4-931178-79-3
乱丁・落丁本はお取り替えいたします。定価はカバーに表示してあります。

出窓社 ● 話題の本

学び直しは中学英語で　世界一簡単な不変の法則　小比賀優子

中学英語は、英語を使うための必要最小限の文法事項がうまく配置された宝物。その中学英語を「使える英語」にするためには、どうすればいいのか？　長年、英語の世界で活躍してきた著者が、3つの鉄則と英語が体にしみこむ学習法で、わかりやすく解説した画期的書。

全国学校図書館協議会選定図書　四六判・並製・一七六頁・二色刷・一二六〇円

中学英語で3分間会話がとぎれない話し方
あいさつからスモールトークまで22のポイント　小比賀優子

英語を話すことは、読んだり書いたりすることより、はるかに簡単です。しかも、中学英語の知識があれば十分です。本書では、初対面の人と気持ちよく挨拶をして、簡単な会話を楽しむためのノウハウを、誰にでもできる22のポイントに分けて紹介します。

全国学校図書館協議会選定図書　四六判・並製・一七六頁・二色刷・一二六〇円

10歳からの 生きる力をさがす旅 シリーズ
文・波平恵美子　絵・塚本やすし

- ① いのちってなんだろう
- ② きみは一人ぼっちじゃないよ
- ③ 生きているってふしぎだね
- ④ 家族ってなんだろう

子供が直面する様々な問題に、子供自身が立ち向かい、答えを見つけ出せるように、日本を代表する文化人類学者の著者が優しく語りかけた画期的な書『生きる力をさがす旅』から、テーマごとに五つの挿話を選び、絵本作家の塚本やすし氏が楽しい絵を付けた大好評の「かんがえる絵本」

各巻共：四六判・並製・九六頁・二色刷・一〇五〇円

http://www.demadosha.co.jp

（価格はすべて税込）